沟通中的行为心理学

苏 曼——著

古吴轩出版社

图书在版编目（CIP）数据

沟通中的行为心理学 / 苏曼著. -- 苏州 ：古吴轩出版社，2020.4
ISBN 978-7-5546-1529-4

Ⅰ. ①沟… Ⅱ. ①苏… Ⅲ. ①心理交往－社会心理学－通俗读物 Ⅳ. ①C912.11-49

中国版本图书馆CIP数据核字(2020)第022061号

责任编辑：顾　熙
策　　划：马剑涛　徐红有
装帧设计：尧丽设计

书　　名：沟通中的行为心理学
著　　者：苏　曼
出版发行：古吴轩出版社
地址：苏州市十梓街458号　　邮编：215006
电话：0512-65233679　　传真：0512-65220750
出 版 人：尹剑峰
印　　刷：大厂回族自治县彩虹印刷有限公司
开　　本：880×1230　1/32
印　　张：6.5
版　　次：2020年4月第1版　第1次印刷
书　　号：ISBN 978-7-5546-1529-4
定　　价：42.00元

前言

PREFACE

在日常沟通中，我们常常把注意力放在对方说话的内容上，认为这才是沟通的核心和关键。殊不知，沟通是一件极其复杂的事情。当两个人面对面交谈的时候，除了语言传递的信息，我们的肢体动作、表情等也在不经意间传递着信息。心理学家把这种通过与语言无关的途径来传递信息的沟通方式称为“非语言沟通”。

心理学家赫拉别恩研究所经过长期研究，得出一个结论：人们在进行信息传递的过程中，语言的作用占7%，其他非语言因素的作用高达93%。这就提醒我们，不能忽略非语言表达的重要性，以及对别人的非语言行为的解读和反应的能力。

这里的非语言因素指的就是非语言沟通的方式，它包括人们进行交流时的面部表情、肢体动作、身体姿态、身体接触等。通常，我们说一个人有气质，主要依据的不是他的说话内容，而是以上所说的这些非语言信息。

当然，非语言信息影响的不仅仅是一个人的气质，它对我们的日常生活和工作也会产生较大的影响。

比如，当别人和我们讲到一件事的时候，我们首先会判断对方的话是否可信。而判断的依据，一方面是对方说的内容是否符合逻辑，另一方面是对方说话时的动作或表情等。如果对方神情自然，一副很自信的样子，那么我们会更容易相信他的话；如果对方目光游移，语气听起来犹豫不决，我们就很容易心生怀疑。

此外，非语言信息还会影响我们和别人沟通时的情绪。这在男女发生矛盾时表现得比较明显。通常来说，女人的表达能力比较强，常常用语言来抒发自己的不满情绪；而男人常常通过沉默和回避等方式来避免争吵，殊不知，这样沟通的效果更糟，因为他们脸上阴沉的表情、回避时的冷漠态度只会火上浇油。

实际上，拥有良好的非语言沟通技巧的人比非语言沟通技巧较差的人有更强的说服力，而且更容易在职场、情场等各种情境中获得成功。也就是说，非语言沟通在人际交往中扮演着重要的角色，而且在很多情况下甚至比语言沟通更重要。

因此，我们在与人沟通的时候，要学会察言观色，观察对方的一言一行，同时自己也要通过得体的肢体语言来表达内心的真实想法，这样才能实现有效沟通。

本书关注的是人们在沟通中所出现的各种行为的心理学解释，包含了大量的案例、实验和结果分析。书中所讲到的心理学知识，在我们社会生活的许多方面都会用到。了解、掌握这些心理学知识，会让你的人际关系更顺畅。

目录
CONTENTS

第三章　解密常见微反应，领略非语言行为的魅力

第四章　观察入微，沟通要善于观察身体语言

第五章　掌握倾听技巧，在沟通中巧妙回应对方

第六章　了解日常行为习惯，知“彼心”沟通更顺畅

第七章　巧用策略，在沟通中才能掌控全局

第八章　不同场合下的行为解析，让你跟谁都聊得来

后　记

第一章
有效沟通，你应该懂点心理学定律

沟通，从某一方面来说就是心理上的博弈，而读懂沟通对象的肢体语言，能够使沟通更有效。那么，我们如何通过对方的小动作来了解他此时的情绪状态和心理状态呢？这就需要懂一些心理学知识。掌握了这些知识，与人沟通会更有底气。

同理心：拉近彼此关系的法宝

情境导入

在生活中，常听到夫妻两人拌嘴。妻子抱怨：“你总是不理解我。我为这个家忙里忙外，不仅要上班挣钱，还要做家务、照顾孩子。你就只管挣钱，其他什么都不管……”丈夫不等妻子说完，就嚷道：“我容易吗？为了多挣钱，让一家人过上好日子，经常孤身在外，孤独、寂寞，这些你替我想过吗？”就这样，你一言，我一语，吵个没完没了。

请想一想：他们吵架的根本原因是什么呢？如果站在对方的角度考虑问题，会不会是另外一种情形？

专业解析

有一个动画短片叫《同理心的力量》，情节是这样的：

有一只狐狸掉进了一个地洞里，她大声呼喊：“有人吗？我好像被困住了，四周很黑，我快受不了了！”

高高在上的麋鹿向下瞟了一眼后，试着用魔术棒为狐狸头顶的乌云（痛苦）勾勒出银边，希望狐狸能看到乌云背后的“一线希望”，并安慰道：“现在情况还不算太坏。”

憨厚的大熊则直接向下爬到洞中，与狐狸做伴。他认真地听狐狸的话，最后抱了抱狐狸，说“虽然我现在不知道该说什么才好，但我真的很高兴你愿意跟我说”，让她感受到他理解她的处境。

在这个短片中，大熊的动作向狐狸传递了这样一种信号：“你的感觉，我懂……”这种信号其实就是同理心的另一种解读方式。

在心理学上，同理心是EQ理论的专有名词，是指正确了解他人的感受和情绪，进而做到相互理解、关怀和情感上的融洽。通俗地说，同理心就是将心比心，也就是把同一时间段、同一地点发生某一事情的主角换成自己，这样才能设身处地去感受他人的情绪和心理，去体谅他人。

一般来说，按照表现得分从低到高的顺序，可以把同理心分为以下几个层次：

第一层次——最低分层次。

表现：讥笑，打断，反驳，抱怨。

效果：让他人反感，让他人情绪受影响。

在这个阶段，当交谈对象说出了自己的感受，倾听者不仅取笑对方，还制止对方说话，对对方的见解万分挑剔，并为自己辩护，自述以满足自我需要，完全忽视交谈对象，结果使对方的心灵受到严重伤害，造成沟通隔阂。本节情境导入中的夫妻双方的沟通就属于这个阶段的沟通，两人都不站在对方的角度思考问题，互相指责，结果导致争吵。如果双方都站在对方的立场，为对方考虑，就会令对方产生“他（她）懂我”的感觉，那么他们之间的感情就会越来越深。

第二层次——低分层次。

表现：疑问、忠告、抱歉。

效果：有挫折感，口服心不服。

在这个阶段，对于一方出现的问题，另一方的态度是：盲目同意，盲目安抚，仅表示抱歉，给予忠告。这种表现明显忽略对方的感受，仅仅是处理事情，而不考虑对方的心情，使说话者觉得不被理解，有挫败感。上面的动画短片中麋鹿的做法就属于此类，这种做法并不能使身陷洞穴的狐狸得到些许安慰。

第三层次——高分层次。

表现：让对方愿意合作。

效果：乐意接受，表示同意其意见。

在这个阶段，倾听者能够准确辨识说话者的重要感受，并能准确反馈其重要而明显的感受。正是因为倾听者能够正确理解说话者很需要被理解的真实而明显的感受，所以使说话者产生被人理解的感受，并乐意继续倾诉。比如，好朋友之间的倾诉和沟通就属于此类。

第四层次——高明层次。

表现：让对方恍然大悟、心服口服。

效果："真是如此"，充满激情。

在这种沟通模式中，倾听者能一针见血地指出说话者未表达清楚甚至连自己也没有弄明白的感受，如一些潜在感受、潜在需求、潜台词、暗示等。因为倾诉对象能超越说话者的明显感受，明白其隐含的感受，使说话者产生一种"真是如此"的感觉，并愿意更深入地与对方沟通。一般来说，心理学家和咨询者的沟通就属于这个层次。

在沟通中，要坚持一个重要的原则：先处理心情，再处理事情。通常来讲，沟通高手总是能建立同理心，理解对方的情绪和感受，从而创建良好的沟通情境。在日常生活中，不管是和亲人、朋友，还是和同事、客户，如果我们能够经常用同理心和对方沟通，就会让交流变得和谐、融洽，也可以减少或避免很多不必要的争吵和不快。

知识链接：同理心的运用之处理客户投诉

客户投诉，常常是一个棘手和令人头疼的问题。我们该如何运用同理心处理客户投诉呢？通常来说，应坚持两个重要原则：

1. 以诚相待原则

归根结底，处理客户投诉的目的就是获得客户的理解和再度信任。这就要求处理客户投诉时要抱着极大的诚意，坚持以诚相待的原则。若不能给客户留下诚恳真挚的印象，那么其结果往往是不能解决客户投诉问题。

2. 换位思考原则

这一原则是为了有效地处理客户的投诉。很多卖家尽量把客户的投诉不合理化，从而把自己的损失降至最低。他们自以为赢了，但是他们也失去了这个客户，甚至让自己的口碑变差。因此，在处理客户投诉时，一定要站在对方的角度来考虑问题："如果我是客户，会怎么做？对产品或者公司会有什么不满？"

当然，还要坚持绝不争辩、满足客户需求的原则，也就是让客户痛痛快快地发泄心中的不满，明白客户的心理诉求，帮助客户解决问题。

权威心理：人们更认可权威

情境导入

初次见面，对方在做自我介绍的时候，会给你留下怎样的印象？如果对方的职业是“公务员”“医生”“律师”等，我们通常会觉得对方有信服力。

这是为什么呢？是什么心理在作怪呢？

专业解析

美国一位心理学家做过这样一个实验：他在给某大学心理学系的学生上课时，向大家介绍说请来了一位举世闻名的化学家。这位“化学家”告诉学生，自己发现了一种新的化学物质，这种物质具有强烈的气味，但是对人体无害。然后，这位“化学家”装模作样地拿出了一个装有蒸馏水的瓶子，说这就是自己所发现的化学物质。他打开瓶盖，请同学们闻一闻它的气味，闻到气味就举手。结果，大多数学生都举起了手。

明明蒸馏水没有气味，为什么多数学生举起了手呢？

这是因为，人们普遍存在权威心理。人们普遍认为，那些地位高、有学识、受人敬重的人所说的话是正确的，并对此给予足够的重视。

这种心理的产生，是安全心理和认可心理共同作用的结果。所谓安全心理，指的是人们常常认为权威人物的思想、行为和语言往往是正确的，服从他们可以让自己更有安全感，并降低自己出错的概率。所谓认可心理，指的是人们常常认为权威人物的要求往往和社会要求相一致，若按照权威人物的要求去做，会得到各方的认可。

在现实生活中，我们可以把这种权威心理进行逆向应用。比如，请权威人物宣传某种产品，辩论说理时引用权威人物的话作为依据，等等。

下面这个案例就是运用权威心理解决问题的典型做法。

L先生在市中心经营着高层公寓，过着悠闲舒适的生活。不过，L先生遇上了房客拖欠房租的难题。这个房客总是说自己没钱，已经有半年没有交房租了。虽然L先生和这个房客交涉过几次，想让他搬出公寓，但是每次对方都以“没有地方可去”“一有了钱，马上交房租”等说辞搪塞过去。

L先生深受困扰。他向同样经营公寓的朋友倾诉，朋友告诉了他一种方法，他尝试之后，那个房客马上就搬走了。

那么，L先生用的是什么方法呢？

原来，L先生找了一位租赁纠纷专家。虽然付给了专家一大笔费用（相当于一个月的房租），但是专家三言两语就把问题解决了。相对于房客长期拖欠房租带来的困扰，这笔钱不值一提。

为什么房东L先生交涉数次都没有解决的问题，租赁纠纷专家三言两语就解决了呢？这是权威心理在起作用。不管什么行业，都有专业人士。而这些专业人士中的权威者所说的话，常常有着一言九鼎的效力。

可见，在说服对方的过程中，如果对方是一个信奉权威的人，那么利用他的权威心理进行说服是最有效的方法。

此外，在与他人沟通的时候，适时地引用权威人士的言论更能令人信服，可以使沟通变得更加轻松。

知识链接：销售中的四种权威效应

在销售过程中，我们可以利用权威效应帮助商品打响知名度，并成功地实现销售。为此，我们可以充分利用以下四种权威效应。

1. 明星效应

很多产品喜欢请明星来代言。销售员在向客户介绍产品的时候可以充分利用明星效应，这样会增加客户对产品的认可度，从而提高产品销量。

2. 专家效应

业内专家的观点和主张，或者专业资料，都具有一定的权威性。销售员在向客户介绍产品时可以引用专家的话，给客户看一些权威的资料，用以说明这并不是销售员自己的观点，而是业内的共识，或者某位权威专家的观点。

3. 职位效应

销售员在销售过程中，如果遇到了自己解决不了的问题，可以请店长或者经理协助解决，因为更高的职位意味着更有权威，他们所说的话更容易令客户信服。

4. 客户效应

普通客户的使用经验对其他顾客也是一种很好的参考，有一定的说服力，其影响力不容小觑。如果销售员能够说出某一具体客户使用产品后的感受，其他客户会更容易做出购买决定。

需要注意的是，销售中运用权威效应只是一种辅助宣传手段，最重要的还是产品的质量和口碑。销售员不应通过权威效应做虚假宣传，一定要实事求是，因为虚假宣传总有被戳穿的一天，到时企业就会因此而损失惨重，最终得不偿失。

从众心理：一种迎合大众的心理状态

情境导入

在开会的时候，对于某项决定，如果其他人都赞成，你却有不同的看法。这时，你会怎么做？下面四种想法，哪一种与你的想法最接近？

a．既然大家都赞成，我也表示赞成好了，这样彼此不会太尴尬。

b．大家都赞成，说不定这个决定是正确的呢。

c．即使只有自己一个人持反对意见，也要说出来。

d．寻找和自己同样持反对意见的人。

专业解析

在现实生活中，遇到上述情况，大多数人都会有前两种想法。我们经常可以看到这样的现象：

a．**当会议期间需要大家举手表决的时候，人们常常会环顾周**

围，如果发现只有少数人举手了，很有可能会悄悄地放下手。当然，如果发现大多数人都举手了，而自己没有举手，很可能会悄悄地举起手。

b. 商场正在搞活动，只见人们都往商场里走去。这时路人即便不知道具体是什么活动，也大都会随着人流走，去一探究竟。

这其实是一种从众心理。所谓从众心理，指的是个体受到外界人群的行为影响之后，不由自主地改变自己的心理状态，最终做出符合大众要求的选择。

有一个经典的阿希从众实验，证实了从众心理的存在。这个实验是由美国心理学家所罗门·阿希设计实施的。

所罗门·阿希找来数名大学生作为被试者，他把七人编为一组，让他们坐成一排。在每组中，有六个人是所罗门·阿希的助手，只有一个人是真正的被试者。实验开始以后，所罗门·阿希拿出一张画有一条直线的卡片，又拿出一张画有三条不同直线的卡片（见图1-1），让大家比较一下第一张卡片上的直线和第二张卡片上的哪条直线等长。

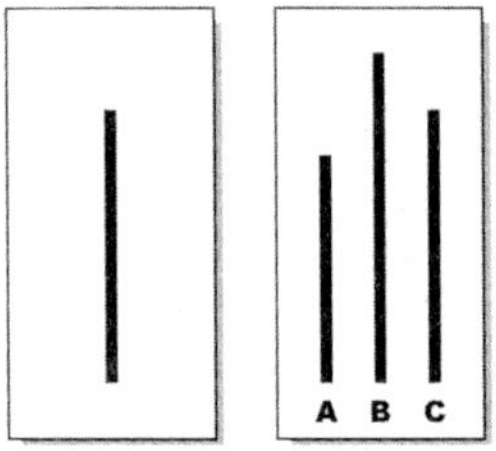

图1-1

实际上，这些直线的长短差异是那么明显，正常人是很容易做出判断的。但是在大家做出两次正常判断后，每组中的六个假被试者都异口同声地说出了一个错误答案，这让很多真的被试者迷惑了：是该坚持自己的答案，还是给出一个和其他人一致但是自己并不认同的答案？

结果显示，平均有33%的人做的判断是从众的，有76%的人至少做了一次从众的判断。这个结果表明，大多数人都存在从众心理，只是每个人的从众程度有所不同。

美国心理学家德·易斯和杰拉德认为，人们选择与别人同步有两方面的原因：

（1）自己无法做出判断。当状况不明，突然遇到从未经历过的事情时，自己很有可能无法做出正确的判断。这时，人们就会参考周围人的行动，因为他们认为与周围人保持一致的做法是最稳妥的。

（2）害怕自己被孤立。为了不让自己被孤立，能够更好地与周围的人和谐相处，人们会采取与大多数人保持一致的做法。这样做不仅可以赢得所在集体的认可，还能赢得更多的友谊。如果对方比自己更有权威，或者是与自己志趣相投的人，那么这种倾向就会更加明显。

一些推销员常常善于运用人们的从众心理来推销商品，当他们向顾客推销商品的时候，会介绍说“这是今年最畅销的商品”“大家都在用这个，就连某某都在用”“这是上班族的必备品”。顾客一旦意识到“其他人都在用此种商品”，就会因为担心自己跟不上潮流而购买。

生活中，每个人或多或少都会存在从众心理，但是依赖心理严重的人、好面子的人、被动的人、追赶潮流的人、不懂拒绝别人的人更容易受到从众心理的影响，从而做出和大多数人一致的决定。

相反，要想得到他人的认可，利用从众心理可以更容易实现。在安慰他人的时候，只要加上一句“大家都这样认为”，就能让对方感到安心。

实际上，不管好坏,从众心理总是能动摇对方的想法，只要说出“不是我一个人这样认为，很多人都有这样的看法”，就能稳住对方。

知识链接：关于从众心理的情景剧

对于人类的从众心理，美国心理学家詹姆斯·瑟伯用了一个故事来说明：

“突然，一个人跑了起来。也许是他猛然想起了与情人的约会，他已经迟到了。不管他想些什么吧，反正他在大街上跑了起来，向东跑去。另一个人也跑了起来，这可能是个兴致勃勃的报童。第三个人，一个有急事的胖胖的绅士，也小跑起来……

“10分钟之内，这条大街上所有的人都跑了起来。嘈杂的声音逐渐清晰了，可以听清‘大堤’这个词。‘决堤了！’这充满恐怖的声音，可能是电车上一个老妇人喊出来的，也许是一个交警说的，也可能是一个男孩子说的。没有人知道是谁说的，也没有人真正知道发生了什么事。但是两千多人都突然奔逃起来。‘向东！’人们喊叫了起来。东边远离大河，东边安全。‘向东去！向东去！’”

互惠心理：帮助别人，也就是帮助自己

情境导入

相信不少人都有这样的感觉：当别人施与我们一些恩惠时，我们往往会心怀感恩，希望有机会给予报答。比如，有人请我们吃了一次饭，一旦有机会，我们就会希望回请他一次。

这是一种什么样的心理？我们在日常沟通中该如何运用这种心理？

专业解析

在人际交往中，一方帮助另一方，另一方就会产生负债感，从而用相似的行为来消除负债感，人的这种心理就是互惠心理。这也是一种知恩图报心理。

在这种心理的作用下，帮助对方就会得到他人的帮助，信任他人就会赢得他人的信任。心理学家认为，人是三分理性、七分感性的动物，所以出现“某人为了感恩而不惜牺牲自己的性命”的现象不足为奇。

当然，假如一方接受了他人的恩惠，却没有回报，那么他在人际交往中往往不会受到大家的欢迎。互惠行为已经成为人际交往中不成文的约定，每个人都在默默地遵守着这一约定，那些少数不遵守约定的人是很难打入社交圈的。

实际上，互惠心理在人们的日常交际中体现得较为明显。比如，你希望得到对方的帮助，如果在此之前先给对方买一个礼物，或者请对方吃饭，那么对方就可能更愿意帮你的忙。在这种情况下，你不仅达到了自己的目的，还能令对方心满意足，双方由此能建立起良好的关系。

有时候，即使对方是一个陌生人，甚至是一个你十分厌烦的人，你不经意间的帮助也能成就对方，更能成就自己。

在冰天雪地里，两个人结伴而行。此时，大雪封山，寒风刺骨，他们冻得瑟瑟发抖，眼睛都睁不开。结果，两个人走了好久，都没能走出大山，疲惫不堪的他们明显感到体力不支。

两个人艰难地向前走着，忽然，他们发现雪地里躺着一位老人。老人身体冰凉，但是还有微弱的呼吸。见此情景，一个人提议道："咱们把他抬出去吧，否则他必死无疑。"结果，另一个人不耐烦地说："我自己还不知道能不能走得出去，哪还顾得上他？我可不想因为这个累赘把自己害死。"

同伴冷漠地走了，他只能一个人背起被冻得奄奄一息的老人继续前行。过了很长时间，他身上的热气终于把冻僵的老人唤醒了。

据老人说，他是附近的村民，对这一带的山路非常熟悉，因为不慎滑倒，摔断了腿，这才导致差点冻死。有了老人的指路，他很快就把老人背出了雪山，来到了一个小村庄。

突然，他看见村口围了很多人，走过去一看，才发现原来是自己的同伴倒在村口的雪地里，早已没有了气息。

很多时候，帮助别人就是帮助自己。爱默生说："人生最美丽的补偿之一，就是人们真诚地帮助他人之后，同时也帮助了自己。"

在与人沟通时，我们首先要考虑对方的需求，只有这样，才有助于双方建立一种互惠互利的关系。如果我们能够通过一件事与他人结成一个利益共同体，那么我们与他人之间的关系就会变得坚不可摧。在这种互相成全、互惠互利的基础上，我们在请求别人帮忙的时候，就不会再感觉欠对方很大的人情，可谓一举两得。

知识链接："回声"实验

有一个经典的关于回声的故事。一个小男孩因为一时生气，就跑到山上，冲着山谷大喊："我恨你，我恨你！"这时，他听到了山谷的回声："我恨你，我恨你！"小男孩大吃一惊，他赶紧跑回家，告诉妈妈："山谷里有一个坏男孩，他总是对我喊'我恨你'。"妈妈问清事情的来龙去脉后，对小男孩说："下次你不要再喊'我恨你'，试着喊'我爱你'，他也会对你说'我爱你’。”小男孩照着妈妈说的做了，果然山谷中传来了“我爱你”的声音。

有一个实验很好地证明了这个故事所阐述的道理，那就是美国康奈尔大学一位教授所做的实验。他让实验对象和自己的助手待在一起，请他们为几幅画打分。

这个实验分为两组，A组的设计方案是：助手休息时，故意去超市买两瓶饮料，然后把其中一瓶递给实验对象，并对他说：“我口渴了，买水时顺便给你也买了一瓶。”B组的设计方案是：助手休息时，只给自己买一瓶饮料，全然不管实验对象是否口渴。

当两组人员完成打分环节以后，助手同时请实验对象帮忙，结果A组的实验对象比B组的实验对象更愿意帮忙。

这个实验表明，在人际交往中，你对他人的态度就像回声一样，给予什么，就会得到什么。

古德曼定律：适时沉默定乾坤

情境导入

在日常沟通中，不知你有没有发现：当两个人因为某些问题僵持不下的时候，如果其中一个人突然变得沉默，另一个人就会变得焦虑不安，很可能不再坚持自己的主张，做出让步。

这是一种什么样的心理在起作用？双方在进行怎样的心理博弈？

专业解析

我们先来看一个案例：

一位发明家想卖掉一项发明，以此筹措资金建造一个实验室。由于不熟悉市场行情，发明家不知道这项发明究竟价值多少，于是，他和妻子商量。

可是，妻子也不了解行情，就一咬牙，说道："要两万美元吧！"发明家笑着说："这太多了吧？"

一个商人不知从何处听到这个消息，对发明家的发明表现出了极大的兴趣。在双方进行商谈的时候，这个商人问到这项发明的价格。发明家不好意思开口，他认为妻子说的两万美元太高了，而妻子又不在家，他只好沉默不语。

这个商人几次追问，发明家始终没有说出口。

最后，商人按捺不住了，他说："那我先出个价吧。十万美元，怎么样？"

发明家大喜过望，当场与商人拍板成交。

这位发明家的沉默，竟然让他获利颇丰。由此可见，在沟通过程中，适当地运用沉默的话术，有时可以起到出其不意的效果。

美国加州大学心理学教授古德曼曾经提出过一个著名的理论："沉默可以调节说话和听讲的节奏。沉默在谈话中的作用，就相当于零在数学中的作用。尽管是'零'，却很关键。没有沉默，一切交流都无法进行。"这个理论被人们称为"古德曼定律"，又称为"沉默定律"。

这个心理学定律告诉人们，虽然交谈是人际沟通中的一种必不可少的交流方式，但是沉默的作用也不可小觑。沉默，是一种无声的语言，也是一种绝妙的沟通艺术，有时适当的沉默可以达到"此时无声胜有声"的境界，比声嘶力竭的争辩更容易对对方产生震慑力，从而令对方折服。

在沟通中懂得适时沉默的人，能够做到以静制动，而且在交际中可进可退，让自己掌握主动权。另外，沉默还可以隐藏内心的真实想法与意图，给对方一种高深莫测的感觉，这往往更能赢得对方的尊敬与信赖。

法国国王路易十四当政期间，贵族和大臣们常常会因为政见不合而争论不休。此时，路易十四不动声色地端坐一旁，静静地听着，表情漠然，让人猜不透他的心思。待争论的双方各自陈述完自己的看法后，路易十四会不置可否地说上一句："我会考虑的。"然后，他便转身离开了。

"我会考虑的"，这是路易十四惯用的一种回复方式。大臣们由于猜不透他的真实想法，只好诚惶诚恐地听从他的命令。就这样，路易十四的王权得到了巩固。法国著名政治家、作家圣西蒙曾这样描述路易十四："没有人像他一样懂得如何抬高自己的言辞、自己的微笑，甚至是一抹眼神。他创造了奇迹，威望也因寡言而得到了提升。"

常言道："言多必失。"有时，说得越多，越容易暴露出你的缺陷；相反，适当的沉默反而能增加你的神秘感，让别人对你更加敬畏与信服。

此外，沉默不仅指惜言、少说，还包括控制好自己的表情和言语的分量。只有这些结合起来，才能产生一定的震慑力。

知识链接：“沉默”打出知名度

适时的沉默，胜过千言万语。为此，人们不仅将古德曼定律用于日常沟通中，还将其用于一些商业活动中。

美国纽约国际银行在刚开张时做过一个别具风格的广告，他们利用古德曼定律，人为地制造出沉默的氛围，广告效果反而胜过其他形式的宣传，由此迅速打响了知名度。他们的广告是这样的：

有一天晚上，人们正在收听广播节目。突然，全市所有的广播在同一时刻插入了这样一则广告：“听众朋友，现在开始进入由本市国际银行为您提供的沉默时间。”紧接着，全市所有的电台同时沉默了10秒。一时间，所有人都对这突如其来的“沉默10秒”议论纷纷。

很快，这段奇妙的沉默时间成为纽约市民茶余饭后的重要谈资。也由此，国际银行的知名度迅速提高，很快便家喻户晓。

示强法则：欺软怕硬心理下的自我保护

情境导入

在动物世界里，存在这样一种现象：捕获的食物一般由群体里最强大的动物优先享用，别的成员只能眼巴巴地看着，不敢与之争抢。

在人类社会，是不是也存在这种强者为大的现象呢？在与人交往时，我们该如何有效地避开这种现象呢？

专业解析

在人类社会，存在着一种“欺软怕硬”的心理。有时候，你越是示弱，对方越是看不起你；相反，如果你适当示强，对方就会尊重你，主动与你交往。所以，我们在人际交往中，有时应该让他人看到自己强大的一面，这样更有助于问题的解决。

当然，我们示强的目的并不是让自己在人际交往中充满攻击性，而是向他人展示自己最基本的攻击能力。如果我们不具备任何能够压制他人的强项，没有制约他人的本领，那么只能处处受制于人。

因此，我们应该适当示强，展示自己的勇气和手段，这样才能促使对方和你友好相处。

楚汉战争开始后，刘邦派人去游说九江王英布投降。英布想来想去，最后勉强答应。

刘邦知道英布并没有完全归顺自己，就想给他个下马威。于是，在英布向其归降时，刘邦故意坐在椅子上洗脚，对他不闻不问。英布哪受得了这番羞辱，他顿时怒发冲冠，后悔来归顺刘邦。

他回到住处，却发现自己的帐幕、随从、饮食都和汉王的规格一样，顿时开心不已。

在这里，刘邦看英布投降的诚意不大，所以用示强的方式来树立自己的权威，好杀一杀英布的傲气，让英布不敢小觑自己。由此可见，适当的示强，展示自己强大的一面，有助于维护自己的尊严和利益。

当然，在人际沟通中，示强要注意方法，太强硬的示强方式很难让人接受，还可能激起他人的愤怒情绪，导致出现不良的后果。只有不卑不亢、刚柔并济的示强方式才能真正压制对方，即使面对嚣张的对手也是如此。

总之，我们要学会在他人面前示强，这是一种生存智慧，能使我们在社交场合处于有利地位。但是，示强不能用过于强硬的方法，刚柔并济的方式是最好的。

知识链接：撒切尔夫人的示弱故事

有这么一个故事：

撒切尔夫人出任英国首相的第一天，参加完就职典礼回家。在家门口，她“嘭嘭嘭”地敲门，正在厨房为妻子准备庆功宴的撒切尔先生随口问了一句：“谁啊？”“我是英国首相！”撒切尔夫人得意扬扬地大声回答。

结果，屋内半晌无语……撒切尔夫人恍然大悟。于是，她清了一下嗓子，说道：“亲爱的，开门吧，我是你太太。”这次，虽然声音不高，但听起来很亲切。不一会儿，门开了，撒切尔夫人赢得了丈夫一个热情的拥抱……

撒切尔夫人的这种做法就是一种示弱行为。虽然，适度的示强有利于自己的生存和发展，但是适度的、有策略的示弱反而能取得人们的理解，有时更能获得生存和发展的空间。这就是示弱定律。

要明白，示弱并不是弱不禁风、毫无强硬之气，而是一种聪明的退让。

第二章

不同对象，沟通方式亦不同

每个人都有不同的行事方式和沟通习惯。本章选取了几种典型人格的沟通对象，来阐述他们的性格特征、肢体语言，并指出与他们沟通的技巧，让我们在与不同人格的人进行交流时，更有针对性。

完美主义者：遵守规则，才能获得认可

情境导入

在我们周围，存在着这样一群人：他们的房间一尘不染，物品摆放整齐，稍有点乱，他们就会接受不了；他们每天为了穿什么衣服、搭配什么样的首饰的问题在穿衣镜面前照半天；书架上的书要按照一定的顺序摆放；办公桌上杯子的把手要朝着固定的方向……

面对这样的人，我们如何与他们进行有效的沟通呢？

专业解析

渴望完美实际上是人类的共性，但是有一种人属于真正意义上的完美主义者。在心理学上，完美主义指的是一种“认知—情感”模式，具有这种心理和行为模式的人存在着严重的“不完美焦虑”。

1. 完美主义者的性格特征

一般来说，完美主义者存在以下性格特征：

（1）做事有原则。完美主义者最大的性格特点就是希望把事

情做得完美，所以他们对自己和他人要求都很高，希望一切都能达到自己期望的标准。他们遇到事情喜欢制定规则，厌恶那些破坏规则的人。

（2）喜欢反省。不管做什么事情，完美主义者会常常反省，唯恐自己做得不够完美。他们最害怕受到良心的谴责，也害怕招来别人的指责，所以总是进行反省。

（3）在意他人对自己的评价。完美主义者十分在意别人对自己的看法，他们害怕别人冷落自己，希望获得别人的关注。他们经常会试图隐藏自己的缺点，不想被他人发现。如果有人当众指出他们的缺点，他们就会显得异常愤怒，并且会陷入长时间的苦恼之中。

2. 完美主义者的肢体语言

在与完美主义者沟通的过程中，我们会发现，他们在谈事情的时候，目光专注而坚定，一般会先注视对方的眼睛，然后打量全身，最后视线再回到眼睛上。他们给人一种似乎总是在挑毛病的感觉。在整个沟通过程中，他们很少会出现大幅度的手势动作，但是他们有一个普遍的动作——皱眉。这是因为他们总是会不自觉地担心别人做不好某件事。这就导致只要一出现担心的事情，他的眉头就会习惯性地皱起来。

此外，完美主义者行走坐卧都中规中矩，体态端正，从来不会东倒西歪，而且可以长久保持同一姿势不变。他们不仅对自己的身体姿势比较严格，而且不习惯别人丰富的肢体语言。

他们不苟言笑，面部表情变化比较少，时常一脸严肃，偶尔会露出微笑。生气时脸色阴沉，沉默不语，常常给人一种压迫感和紧张感。

3. 与完美主义者沟通的策略

针对完美主义者的性格特点，可以通过以下策略来与他们沟通：

（1）遵守规则。在完美主义者面前，我们应尽量把事情做到最好，而且如果双方已经制定好规则，那么，最好按照规则办事，千万不要违反规则。

（2）重视理性分析。完美主义者重视逻辑分析，他们对事物的看法常常出于理性，也很欣赏理性的交谈对象。所以，在与完美主义者沟通时，一定要重视理性分析，不要一味地强调感性，这样更容易获得对方的肯定、认同和信赖。

（3）表现出认可的态度。完美主义者希望得到他人的认可，所以我们可以经常赞美他们，表现出对他们的认可。当然，如果能放低姿态，表现出虚心求教的态度，主动请他们给出一些建议，那么，不仅能拉近彼此之间的距离，还能让双方的关系更牢靠。

知识链接：压制型完美主义者

在人际交往中，我们会发现有这样一类人：不管什么时候，他们总是一副温和开心的模样，似乎从来没有坏情绪。这类人就属于压制型完美主义者。他们习惯克制自己的情绪和感情，不管多么愤怒、痛苦或沮丧，他们都会以笑脸示人，和气地对待他人，展示他们独特的社交魅力。

乐于助人者：向其求助，这招最管用

情境导入

有人说："我喜欢帮助别人，有时为了帮助他人而不惜牺牲自己的利益。我总是为别人做很多事，而为自己做得很少。我最怕别人生活得不开心，那样，我也开心不起来。"这样的人就是典型的乐于助人者。

假如我们面对的沟通对象是一个乐于助人者，我们该如何与他更好地沟通呢？

专业解析

在生活中，我们总是能遇到热心肠的人。他们似乎有用不完的精力，只要别人有需要，他们总是尽己所能给予帮助。有时，他们即使工作很忙，也会抽出时间来帮别人的忙，哪怕牺牲自己的利益也在所不惜。

1. 乐于助人者的性格特征

通常来说，乐于助人者有以下几种性格特征：

（1）以付出博得好感。乐于助人者非常渴望获得他人的喜爱，希望和他人建立良好的人际关系。为此，他们不惜迁就他人，以获得对方的好感。他们希望身边的人都需要自己，所以对他人非常热心，心甘情愿地为他人付出，最喜欢看到别人满足地接受自己帮助的样子。只有这样，他们才能感觉自己活得有价值。

（2）看重被帮助之人的反应。乐于助人者比较敏感，他们常常通过被帮助之人的言行来判断他们的感受。如果自己帮助他人的做法没有得到认可，他们就会感觉非常沮丧；相反，如果自己的做法得到了认可，他们就会非常开心。

2. 乐于助人者的肢体语言

在与乐于助人者交往时，我们会发现，他们时常脸上洋溢着亲切的笑容，态度友善，给人一种一见如故的感觉。他们的眼神总是很和善，充满关爱，身体会下意识地向前倾。在交谈的时候，乐于助人者的身体总是会有意无意地向对方靠近，但是并不会给对方压迫感或者不舒服的感觉。

另外，乐于助人者往往比较感性，所以很容易把喜怒哀乐写在脸上。正是因为他们的这种直接情绪表现，所以他们才能很容易与他人在情绪上产生共鸣。

3. 与乐于助人者沟通的策略

针对乐于助人者的性格特征，我们在与他们沟通时，要注意这几点：

（1）直接请他们帮忙。大多数人在求人帮忙的时候，碍于面子，害怕被拒绝，所以常常不会直接开口求人，不是求第三者传话，就是说话兜圈子，半天说不出自己的意图。然而，请乐于助人者帮忙的时候不必拐弯抹角，最好直接说出自己的需求，因为对于他们来说，被人需要是一件高兴的事，这是证明自身价值的机会，所以他们不仅不会拒绝，还会全力以赴把事情办好，他们给予你的甚至会远远超出你的需求。

（2）对他们的帮助表示感谢。乐于助人者渴望得到对方的一句“谢谢”，这会让他们心满意足。否则，他们就会怀疑自己的付出是否值得，甚至会迁怒对方，认为对方是一个忘恩负义之人。所以，在与乐于助人者交往的过程中，对于他们提供的帮助我们要及时表示感谢，并适当地给予一定的回报，这样才能维系双方友好的关系。

知识链接：拒绝乐于助人者帮助的几种方式

通常来说，乐于助人者在帮助别人时，喜欢从自己的立场出发，站在自己的角度来推测他人的需求，因此，他们经常会遭遇好心办坏事的尴尬。而被帮助者常常有苦难言：一方面他们招架不住乐于助人者的热情，另一方面他们有时并不需要对方的帮助。

那么，为了顾及乐于助人者的面子，不伤害他们的自尊心，我们该怎么拒绝乐于助人者的好意呢？我们不妨尝试以下几种委婉的拒绝方式：

1. 巧妙转移法

感觉无法正面回绝乐于助人者的帮助的时候，我们可以采取迂回的战术，或者转移话题，但是要坚持一个原则：绝不会答应，但也不至于撕破脸。比如，当对方提出要帮忙时，我们可以先对这种助人为乐的行为进行赞美，然后再说出理由，加以拒绝。

2. 肢体语言表达法

当对别人的热情帮助无法开口拒绝时，我们可以通过肢体语言巧妙地拒绝对方。比如，可以通过摇头来表示拒绝的意思，对方看到你摇头，就会明白你的意思。此外，微笑突然消失同样是一种拒绝的暗示。

性情多疑者：用真诚换取信任

情境导入

在生活中，有这样一种人，他们总是以怀疑的眼光来看待周围的一切，他们的口头禅是“这是真的吗”“不会是骗人的吧”“水很深啊，没那么简单”“一听就不靠谱”等表示质疑的话。

面对这样的谈话对象，我们该如何与他们更好地进行沟通呢？

专业解析

性情多疑者做事往往小心谨慎，疑虑重重，不会轻易相信任何人。他们有着较强的忧患意识，总是能居安思危。

1. 性情多疑者的性格特征

一般来说，性情多疑者主要表现为缺乏安全感。由于性情多疑者总是怀疑别人，所以常常缺乏安全感，尤其当他们处在一个陌生的环境中的时候，会感觉更加紧张。因此，他们不喜欢变换环境。他们害怕被孤立，最需要的就是得到安全保障。这种不安全感使他们产生了恐惧心理，而这种恐惧心理又会使他们在面对任何事的时候都会做好最坏的打算。也就是说，多疑的人都比较悲观，遇事经常会选择逃避。

2. 性情多疑者的肢体语言

在与性情多疑者沟通的过程中，我们往往会发现：他们略显慌张，会尽量避免和别人有眼神接触，不过有时会瞪着眼睛盯着别人。他们总是看起来焦虑、不安，由于对环境比较敏感，他们时刻警惕地环顾四周，观察周围的细微变化——多表现为横向移动，因为他们在扫视周围的人。在通常情况下，他们在说话的时候常伴有肌肉紧张、双肩向前弯的肢体表现。不管是行走、站立，还是坐卧，性情多疑者都会表现得局促不安，常常和对方保持一定的安全距离。当对方和自己立场不同的时候，他们局促不安的动作会表现得更加明显。

3. 与性情多疑者沟通的策略

一般来说，性情多疑者能够坐下来和对方交谈，就说明他们想和对方达成一致意见，他们的质疑大多是出于习惯。如果他们对对方毫无信任感，往往会直接拒人于千里之外。所以，我们在与性情多疑者沟通的时候，要针对他们的性格特点，认真地分析他们的具体顾虑，积极地打消他们的顾虑，这样双方才能更好地进行交流。

为此，我们可以从以下两方面着手：

（1）做到真诚。由于性情多疑者常常缺乏安全感，总是怀疑别人是在骗自己，所以与他们进行沟通的时候，首先要做到以诚相待，言行一致，不能欺骗他们。虽然性情多疑者不轻易相信别人，但是如果我们能够做到真诚，包容他们的缺点，真心地和他们交谈，那么他们就会向我们敞开心扉，与我们愉快地相处。

（2）做到不猜疑。性情多疑者常常会陷入无端的猜疑中，这使得他们对身边的人过于戒备。即使别人主动提供帮助，他们也要衡量再三才接受。如果在与他们进行交流的时候，也采取猜疑的态度，那么很容易加剧他们的不安全感，让双方的关系恶化，甚至会遭到他们激烈的反抗。

知识链接：与性情多疑者沟通的小窍门

性情多疑者谨慎而多疑，一般不会轻易地接受某个人、某件事或者某个观点，但是只要通过了他们的严格检验，他们就会对此深信不疑甚至坚决捍卫。通常来说，以下行为能够获得他们的好感：

（1）遵守诺言。许下的诺言要兑现，如果无法做到，应在事前直接告知。

（2）向他们坦诚自己的想法和打算。

（3）心平气和地告诉他们不要太焦虑多疑。

（4）当他们对某些问题感到疑惑不解时，直接给出有说服力的答案。

（5）在他们举棋不定的时候，给出合理建议，并鼓励他们下定决心。

（6）当他们因猜疑而生气时，告诉他们事情的真相，或者表明自己正在努力寻求解决之道。

（7）认真对待他们提出的应该注意的潜在问题。

精明干练者：直奔主题，才能顺畅沟通

情境导入

在职场中，我们常常可以看到这样一类人：他们穿得光鲜亮丽，充满自信，看起来精力充沛，工作时充满激情，话语中常常带有“目标”“抓紧时间”“最佳”“价值”等词，是不折不扣的工作狂。

面对这样的人，我们如何与他们沟通呢？

专业解析

有人这样描述自己：“我认为一个人的价值主要体现在他在某些领域做出的成就，以及社会又是如何看待他的成就上。我喜欢与人竞争，我会把大量的时间和精力用在实现各种目标上。我希望实现目标，取得成就，获得周围人的认同。我的高效工作总是颇受好评，几乎所有的事情都能在我的手上得到解决。人们都说我常常有很多要完成的事情，属于闲不下来的人……”

这样的人就属于精明干练者，他们具有精明干练者典型的

特征。

1. 精明干练者的性格特征

精明干练者往往都是实干家，他们有以下几个共同特征：

（1）有着很强的竞争意识。精明干练者喜欢竞争，他们希望通过竞争的方式来证明自己的价值。他们以追求成功为乐，具有很强的成果导向和成果意识。也就是说，在他们看来，虽然竞争的过程和为此付出的努力非常重要，但是竞争的结果更重要。

正是因为精明干练者将自己所有的精力都用在追求成功或者成就上，所以他们常常无暇顾及自己或者他人的感受。他们不仅仅时时和他人竞争，还要和时间展开竞赛，不允许自己有闲暇时间。而且这种对于成功的渴求，不仅表现在他们的工作、事业上，也会渗透到他们生活和情感的方方面面。

（2）注重效率。精明干练者注重做事的效率，他们认为速度胜于一切。他们在工作时十分专注，而且精明敏捷，致力于完成工作所需的步骤，绝不拖泥带水。

在那些精明干练者看来，时间是用来创造价值的。所以，我们很少看到他们怨天尤人、发牢骚，或者在某个地方悠闲度假，因为这对他们来说简直就是在浪费时间。他们坚信，没有产出的事情对他们而言就没有什么价值，所以他们不愿为此浪费时间和精力。在实现目标的过程中，他们决不允许自己偷懒，不浪费一分一秒，高效完成自己的工作，这样就会离自己的目标越来越近；而偷懒就意味着走向成功的脚步又慢了一步。

（3）擅长交际。精明干练者似乎是天生的社交家，他们开朗健谈、机智幽默，往往能给人留下非常深刻的印象。他们尤其喜欢接近那些对自己的事业发展有帮助的人，并懂得利用自己所拥有的人脉来寻求更多的发展机会。

2. 精明干练者的肢体语言

在与人交流时，精明干练者常常眼神专注、充满自信，时时彰显出自己的实力和魅力。他们喜欢塑造挺拔的形象，努力让自己“站如松，坐如钟”。但他们并不像完美主义者那样中规中矩，而是有着丰富的肢体语言。他们在谈话时常常配合相应的肢体动作，尤其在手势运用方面，懂得与眼神所传递的信息相配合，常常给人一种活力四射的感觉。

3. 与精明干练者沟通的策略

很多人不知道如何与精明干练者沟通。其实，了解了他们的性格特征，掌握与之沟通的技巧，与他们沟通就会变得很简单。

通常来说，我们可以采取以下几种沟通策略：

（1）直奔主题。精明干练者做事非常注重效率，为了保证自己的高效率，尽快实现目标，他们习惯于快速沟通和做事的方式。在他们眼中，啰里啰唆地说一大堆简单的内容，是对时间的一种浪费。这样的做法很难获得他们的好感，甚至会激起他们的愤怒。所以，在与精明干练者交谈的过程中，最好切中要害，直奔主题，要注意把握谈话的节奏，突出重点，这样才能与他们愉快地交谈下去。

（2）多建议，少批评。由于精明干练者希望以成功者的形象吸引他人目光，获得他人赞赏，以此获得优越感，所以他人的批评就意味着对他们所做的努力的否定。为了维持自己的优越感，他们常常会忽视或者反驳那些批评，容易引发和他人之间的冲突。所以，在面对精明干练者的时候，不妨多建议，少批评，尽量在不破坏其优越感的前提下给出客观的意见，这样才能获得他们的认可和帮助。

知识链接：与精明干练者沟通的注意事项

与精明干练者沟通时，我们要了解其中的一些诀窍，比如，他们喜欢什么行为，不喜欢什么行为。了解这些有助于沟通的顺利进行。

1. 能赢得精明干练者好感的行为

（1）当他们忙碌时，尽量不要打扰他们。

（2）欣赏他们的勤勉和自信，并认为这非常值得自己学习。

（3）对他们的成功予以赞许，并且说得越真诚、具体，越能赢得他们的好感。

（4）最好与他们保持目标一致，不要形成对立的竞争关系。

（5）向他们提供有用的改进建议，不提那些指责他们的不足之处的批评意见。

2. 容易惹怒精明干练者的行为

（1）对他们的能力和潜力不认可。

（2）公开嘲笑他们。

（3）反复提起他们曾经犯下的错误。

（4）赞美的话言不由衷，溜须拍马，这很容易被他们一眼识破。

（5）与他们进行冗长而又毫无意义的闲聊。

（6）喋喋不休地提出疑问和担忧的问题，这会使他们觉得你是一个缺乏自信、没有胆识的人。

（7）只提批评意见而没有给出有用的建设性意见，这只会让他们认为你是来找碴的。

性格孤僻者：用热情激发对方的表达欲

情境导入

J先生是一个喜欢独处的人。他宁愿埋头工作，也不愿意参加一些社交活动；即使勉强去参加，也显得格格不入。与他交谈时，他总是显得木讷、冷淡。总之，他总是拒人于千里之外。

在生活中，你是不是也经常遇到这样的人？如果因工作或者其他原因不得不与他们展开交谈，我们需要注意些什么？

专业解析

性格孤僻者是一群注重内心世界的人，他们希望自己成为一个思考者。在他们看来，精神上的思考远比行动重要。他们重视自己的隐私，认为躲在自己的私人空间里就可以认识外部世界，同时可以保护自己，回归自我。所以，性格孤僻者常常给人以“冷眼旁观”的感觉。

1. 性格孤僻者的性格特征

一般来说，性格孤僻者具有以下几个明显的性格特征：

（1）非常理性。性格孤僻者喜欢思考，他们能冷静地观察和思考。他们总是克制自己的感情，不管什么事情都喜欢从理性的角度分析。他们喜欢把不同的人、不同的事物分门别类，凡事喜欢刨根问底，喜欢用逻辑分析、理性思考来解决遇到的所有问题。

（2）不爱交际。这是性格孤僻者最明显的性格特征。他们总是与人保持一定的距离，尽量减少与他人的来往。他们很少公开谈论自己的事情，也不喜欢与别人深交，更不喜欢搅入复杂的人际关系中。

（3）害怕冲突。性格孤僻者不喜欢与人亲近，也不喜欢处理人际关系。当与他人发生冲突的时候，他们会主动退回自己的内心世界，对他人的怒火不予理睬，这往往会火上浇油。

2. 性格孤僻者的肢体语言

当我们与性格孤僻者多次接触后，我们就会发现他们的眼神常常专注、凝重、深邃，当被他人发觉时，常常又会收敛目光，以掩饰自己的情绪，有时还会流露出清高。他们看起来很冷漠，有时甚至有点木讷，但思考问题时常常会出现专注、严肃、认真的特殊神态。他们的肢体语言很少，在与人交谈时，大多数时间都是在面无表情地静静聆听，仅仅对自己感兴趣的部分微微点头。

3. 与性格孤僻者沟通的策略

针对性格孤僻者的性格特征，我们在与他们进行交流的时候要注意以下几个方面：

（1）适当地保持距离。性格孤僻者总是一副不愿与人深交的样子，所以，我们在与他们交往的时候，要注意与他们保持一定的距离。尊重性格孤僻者的个人私密空间，往往能赢得他们长久的信任。相反，如果与他们关系过于亲密，则会让他们产生不安感，感觉自己的隐私被侵犯了。这常常促使他们缩回自己的世界，让人更难以靠近。只有保持适当的距离，才能与他们更好地交流。

（2）保持热情的态度。很多时候，性格孤僻者看起来冷漠，并不是因为他们无情，而是因为他们不懂得表达自己的情感。即使他们已经心潮澎湃，看上去也是不动声色的。所以，在与性格孤僻者沟通时，要习惯他们的冷漠态度，以自己的热情来激发他们内心的热情，从而让他们主动与我们交谈。

知识链接：布朗定律——找到心锁就能打开沟通的大门

我们在与性格孤僻者沟通的时候，常常聊了很久，找遍话题，对方还是无动于衷。他似乎总是拒绝与外界交流，处于绝缘状态，不接受他人提供的信息，几乎没有人能走进他的内心世界。与他们沟通时，常常有着严重的障碍。

其实，出现这种现象主要是因为没有找到他们的心锁。美国职业培训专家史蒂文·布朗认为，找到心锁就是沟通的良好开端。知道别人最在意什么，你就能了解别人的意愿。这个理论就是著名的布朗定律。

无论是在日常交谈、商务谈判时，还是在恋爱、婚姻的交流中，都要找到对方的兴趣点，这样才能事半功倍。对于性格孤僻者同样如此。比如：有人喜欢喝酒，有人喜欢饮茶；有人喜欢旅游，有人则喜欢宅在家里；等等。要想打动一个人，我们必须提前做足功课，了解他的喜好，投其所好，而不是根据自己的喜好或者大众的喜好妄下判断。

对于性格孤僻者来说，虽然他们大多数时候沉默不语，不喜交谈，但是在聊到自己感兴趣或者真正关心的话题的时候，他们就会侃侃而谈。每个人都有自己感兴趣、关心的事情，提及感兴趣的话题，性格孤僻的人也会滔滔不绝。所以我们要好好把握话题内容，并好好利用这种心理。

第三章
解密常见微反应，领略非语言行为的魅力

在心理学中，微反应，也就是心理应激微反应，是人们在受到有效刺激的一刹那，下意识地表现出的不受思维控制的瞬间真实反应。只有了解了人们在某种特定情况下会出现的微反应，我们在沟通时才有针对性，才能给予对方有效的刺激，让其做出有利于沟通的反应。

冻结反应：一种保持静止状态的防御战略

情境导入

想一想，当你突然受到外在威胁，或者意识到危险即将降临的时候，你会做出怎样的反应？答案大多是先保持瞬间的静止，然后再采取行动规避危险。

在看电视节目《动物世界》的时候，我们经常看到这样的画面：当被捕者意识到有捕食者在慢慢靠近自己的时候，它会先保持静止，然后抬起头，竖起耳朵，抽动鼻翼，绷紧肌肉，一旦发现自己真的身处危险境地，就会立刻夺路而逃。

不管是人类还是动物，意识到危险的一瞬间都会出现同样的反应——保持静止。这是为什么呢？

专业解析

在远古时期，人类的生存受到很多猎食者的威胁。之所以能够存活下来，主要是因为人类大脑的边缘系统所使用的第一种防御战略就是冻结反应。在心理学中，把人类在遇到危险时通过保持静止的状态来降低自己的存在感和激发自身感觉器官的行为称为“冻结反应”。

那么，怎样的反应是冻结反应呢？具体来说，冻结反应有两个显著的特征——动作频率降低和动作幅度减小，也就是动作变少和收缩。在肢体语言上，主要体现在以下几个方面：

1. 身体僵住

当我们不能判断出威胁来自哪里的时候，大脑就不能做出足够的分析，身体也就不能做出相应的动作，这时就会产生最标准的冻结反应——僵住。本节开头人类和动物在遇到威胁的时候保持静止不动就是这种冻结反应的体现。

在日常生活中，这种冻结反应随处可见。比如，当我们在遇到危险的时候，会一时被吓住，身体变得僵硬，这就是一种冻结反应。

2. 屏气凝神

这是一种很隐晦的冻结反应，常常伴随着呼吸的变化。人们常说的“大气都不敢喘”就是这种反应的真实写照。

在现代社会中，由于受客观条件的约束，主体在感觉恐惧的情况下也不能逃跑或者做出有效的反抗，这时候就会出现呼吸频率降低或屏住呼吸以降低自身存在感的冻结反应。

比如，在一次会议上，领导点名批评某位同事的时候，其他同事都不禁屏住呼吸，静静地听领导训话，而被批评的同事也会自觉惭愧，收敛情绪，屏气凝神地听领导批评。他们有这样的表现，是人类长期进化而来的本能。

在人类历史的早期，人类通过屏住呼吸来躲避凶猛生物的追击；到了现代，人们在遇到负面压力的时候，同样会通过这样的方式来达到保护自己的目的。

3. 手部的约束

人们在形容自己紧张的时候，会说“连手都不知道往哪儿放”。这是一种典型的因心里紧张而导致的冻结反应。

除此以外，还有一些令人难以发觉的动作也属于手部的冻结反应。比如，将双手背在身后，双手插入裤子口袋，用袖筒将双手拢起来，等等。这些约束手部的动作，都是在不知所措的情况下产生的，它们反映了人们的焦虑和紧张。所以，在与人沟通的时候，要善于观察对方是否出现了这些冻结反应，然后再据此改变沟通方式。

4. 双腿并拢

腿部的冻结反应表现在突然停下脚步，双腿并拢，肌肉紧绷。这种反应出现在人们感到紧张、拘束或者感受到巨大的压力却又不能逃离现场的时候。在紧张的时候，我们的身体会很自然地通过这些约束动作来缓解自己的情绪，从而出现冻结反应。

知识链接：冻结反应之跪拜礼

看古装剧的时候，我们会看到一个频繁出现的动作——跪拜。跪拜其实是逃避惩罚或者保命的一种冻结反应。如果仔细研究跪拜这个姿势，我们会发现：人们在跪的时候常常双膝着地，一动不动，这暗示着自己无法逃脱；拜的动作通常是双手手掌朝前触地，这样，不仅将自己的身体高度降至最低，显示自己的尊崇之意，还从一定程度上保护了自己的脸部、腹部等脆弱的部位。

这种动作其实是大脑根据求生的经验而控制身体做出的本能动作。

从这个角度来说，在古代社会，只要官员一发怒，手下便会马上跪地求饶，这不仅仅是礼仪使然，还是自身求生意志的体现。

领地反应："我的地盘我做主"的主人翁姿态

情境导入

在生活中，我们常常听到有人这样说："你没有做过这事，你不懂，等你做过以后再说吧！"这时，我们常常无言以对。父母也常会对孩子说出类似的话："你还不懂，等你长大了就知道了。"

说出这些话的人到底是出于什么心理？这是一种什么样的反应？

专业解析

领地反应在动物界通常被称为"圈地"，这是一种对自身实力展示的结果。通常来说，实力不同，领地的大小就会有差别。那些强大而有力量的动物，如老虎、狼、狮子等都有自己的领地。它们在自己的领地觅食、求偶、繁衍，只有在自己的领地才感到惬意自由，这种感觉让它们对其领地充满了占有欲和保护欲。因此，当自己的领地遭到侵犯的时候，它们就会战斗到底。

对于人类来说，领地反应不仅表现在自己的住所、社会关系方面，还表现在对某件事物的占有欲、在某一领域的话语权方面。对于沟通来说，领地反应主要表现在：在擅长的领域内，如果处于领域的较低水平的人或者非同道中人和自己交流这一领域的内容，人们往往会以高傲或者不屑的态度，来捍卫自己在该领域内的权威。

人类为什么会产生领地意识呢？归根结底，这源于人的自尊心理。一部分人因为出色的学习能力脱颖而出，成为某一学科领域的精英，他们在为社会做出一定贡献的同时，也享受到了社会给予的物质回馈和精神认同。这种回馈和认同使得这部分人不断钻研，最终取得一定的成就，被人们尊称为“某某领域的权威”。

对于这些人来说，这些领域就是他们的领地。一旦别人对他们的权威性提出质疑或者表现出不屑的态度，就相当于侵犯了他们的领地。所以，在与一些权威人士或者专家进行沟通的时候，我们要注意不要侵犯他们的领地。

对于领地范围，人们往往通过自己的肢体动作来进行展示。一般来说，主要表现为以下几个行为特征：

（1）动作幅度大。这种姿态主要表现为身体动作幅度大，频率却不高，呈现出一种轻松下达命令的姿态。不管是下巴指向，还是点头、摇头，抑或是挥动手臂、手掌，又或者站姿和坐姿的转换，都是这种姿态的身体语言的展现。与这种对象沟通的时候，一定要小心谨慎，尽量说重点内容。

（2）身体舒展的姿态。舒展肢体，尤其是双臂和双腿张开的角度不断扩大，通常意味着他们敢于用身体最脆弱的部位，如胸、腹等，来迎接即将到来的压力和刺激。他甚至相信，在展开的区域内，不会存在负面刺激。这是一种非常强势的态度，是一种自信心和掌控感的体现。所以，当交谈的对象把双臂打开，或者坐着的时候双腿张开的角度变大，就表明对方比较强势，那么在交流的时候就不能硬碰硬，而应采取迂回的方式，达到沟通的目的。

（3）自卫的姿态。与其他动物一样，人类对领地也有保护欲。只要自己的领地遭到挑衅和攻击，人们必定会做出回击。在生活中，如果对方出现抱紧臂膀和张肩握拳的动作，就表示我们可能侵犯到他的领地了。这时，最好与他保持一定的距离，以免双方的谈话变得不愉快。

知识链接：沟通场地的选择策略

在沟通中，要想掌握主动权，场所的选择十分重要。尤其在重要的商务场合中，即使是一个微小的动作、一句不经意的话，都可能刺激到对方敏感的神经。正因为这样，选择沟通场所的时候，一定要慎之又慎。

要想在沟通中掌握主动权，最好选择自己的“领地”，比如自己的办公室或者家里。这些场所如果不适合沟通，可以选择自己经常去的地方，这样会产生属于自己的领地的反应。因为在自己的主场沟通，精神会比较放松，从而变得安心、从容，在这样的情绪下交谈时自己才能超常发挥。心理学把这种场所对人的心理产生影响的现象称为“主场效应”。

在谈判、告白的时候，我们常常会感到紧张不安，这就需要慎重地选择场所。当和别人初次见面的时候，更应该选择自己熟悉的地方。选择主场作战，更有利于保持自己的节奏。这是因为当自己沉着、侃侃而谈时，一定会给对方留下良好而深刻的第一印象。所以，场所也是影响第一印象的重要因素。

战斗反应：体现了不会轻易放弃的态度

情境导入

在现代文明社会中，解决争端有各种各样的方式，如身体对抗的暴力行为以及非身体对抗的争论、辩论等。

那么，这些人与人之间的战斗方式表现在肢体语言上有什么特点呢？在与人沟通的时候，如何通过观察对方，得知他将要进入战斗模式，从而有效地熄灭他的怒火呢？

专业解析

弱肉强食是自然界的法则，但是这个法则不能消除弱者对于生存的渴望。当强者企图侵略弱者时，弱者如果不想退场，就只能奋起反抗，战斗就这样开始了。这种通过战斗来处理事情的反应在心理学上就被称为“战斗反应”。

不管是动物还是人类，当遇到威胁的时候，如果不能逃离，那么只能选择投入战斗。

1. 战斗反应的三个阶段

不管是什么样的战斗，战斗反应的情绪都是相似的，比如热血沸腾、呼吸急促、理智消失等，这些愤怒情绪是引发战斗反应的最大因素。

一般来说，战斗反应可分为三个阶段，主要特征见下表：

战斗反应三个阶段

战斗反应阶段	反应特征	典型的反应动作
第一阶段（战斗准备阶段）	暗中发力，只不过发力的对象不是外界目标，而是与自己较劲。	咬牙切齿、握拳、抓握手臂、两手指大力对顶、拉拽自己的衣饰、用脚碾压物品或者用力捏自己手里的物品。
第二阶段（战斗发力阶段）	使用或明或暗的发力方式，将不起眼的力量发泄出去，但是并不会直接指向刺激源。	手指的戳点动作以及敲桌子、拍桌子、甩书本、摔手机、摔门等动作，有时还会做出踢、蹬、踹等动作。
第三阶段（防御保护阶段）	做出防御反应，尽量减轻自己受到的伤害。	逃跑等动作。

在沟通中，我们要注意沟通对象在前两个阶段的一些下意识反应，最好能发现他在第一个阶段的反应，适时平息他的怒火，使沟

通能够和平进行下去。

2. 战斗反应中的对峙状态

在现代社会的规则约束下，很多战斗反应渐渐趋于缓和，常常呈现对峙的状态。在双方展示实力的时候，强者的心理通常是想不战而屈人之兵，而弱者则显示了自己不甘示弱的心态。

在战斗反应的作用下，对峙的双方都会不由自主地挺起胸膛，抬高下巴，挺直脊背，身体前倾，似乎只有这样才能显示自己的高大和威慑力。

有时，从对峙双方的手部动作就能看出战斗欲望的强弱程度。比如，当对峙双方都紧握拳头时，那么下一刻就可能要动手了；当对峙双方手臂张开，随着话语不断挥舞着臂膀，这说明他们的情绪在不断地升级。

还有一种有意思的对峙状态，那就是对峙双方双手叉腰，看似双方势同水火，一言不合就要开战，但是，事实是双方并不希望发生战斗。这种行为表明他们的潜意识里并没有战斗的欲望，只不过是摆个姿势，装腔作势罢了。

这就提醒我们，在与人沟通的时候，当看到对方做出战斗反应的下意识动作的时候，不要说激怒对方的话语或做出激怒对方的行为，否则就会使双方沟通的结果变得不愉快，甚至一发不可收拾。

知识链接：几种制怒的诀窍

不管是在工作中还是在生活中，我们难免会遇到各种各样的麻烦和纠纷。那么，我们该怎么安抚一个火冒三丈的人呢？

1. 冷静地听对方把话讲完

当对方把自己心里想说的话说完以后，会有一种发泄的快感，之后他就会趋于冷静，理智地面对彼此之间的问题。如果一味地让对方冷静一下，反而会让正在气头上的他无法冷静。

2. 解释的时候请对方坐下来

在解释的时候，需注意请对方坐下来。因为“坐”这个姿势容易让人冷静下来。需要注意的是，不要与对方面对面坐着，而是应该成对角线般稍稍错开坐。当然，如果能与对方并肩而坐，效果会更好，因为这样的距离能营造一种友好的气氛。

3. 请对方喝咖啡等饮料

可以一边说着“请喝杯咖啡”，一边慢慢地为对方冲泡咖啡。当然，喝什么让对方自己决定比较好。不过，不管喝什么，对方的心情都会随之变得好起来。此外，在准备饮料的时候，最好准备一些甜食，因为甜食容易带给人愉悦的心情。

安慰反应：负面刺激带来的身体反应

情境导入

在生活中，不知你是否发现：当我们和长者或者领导握手的时候，因为激动，手会变得微微颤抖。这时，如果对方一边握手一边用另一只手轻轻拍我们的手背，我们就会感觉没那么紧张，没那么激动了，心里还会感到一些温暖。

这是为什么呢？这些微动作真的有这么大的魔力吗？

专业解析

在沟通过程中，人一旦受到批评、压力、否定等负面刺激，常常会无意识地出现一些身体微反应。比如，在双方交谈时，若一方施加巨大的压力，另一方可能就会出现轻轻按摩颈部、摸自己的脸、舔嘴唇或者调整呼吸方式等表现。这些小动作都是一些寻求安慰的身体反应，暴露出此人正面临紧张、焦虑、恐惧等负面心理情绪。

研究表明，当人们在面对一些强度不大的刺激源的时候，大脑的边缘系统会采取一些措施来减轻这种不适感。这种下意识的身体反应，在心理学上被称为“安慰反应”。

安慰反应有很多，在这里，我们讲述几种常见的、有代表性的安慰反应。

1. 视觉安慰

在与人沟通的过程中，当我们产生愧疚、心虚、尴尬等一系列情绪的时候，常常会把自己的视线移开。这是因为直视刺激源会让内心的负面情绪不断加深，自己的情绪只会更加糟糕，而这种视觉上的逃离则能让自己感觉好一点。不仅如此，看向让自己感觉舒适的目标，还会让情绪趋于稳定。这就是视觉安慰的发生机制——避丑趋美。

比如，说谎的人在面对质疑的时候，总是不敢与对方对视，而是将视线转移到别处。可以说，视觉安慰反应是说谎者最常见的身体反应。

2. 口唇安慰

口唇安慰在我们的日常生活中十分常见。比如，当双方的交谈进展得不太顺利的时候，有压迫感的一方可能会做出咬嘴唇、舔嘴角、抿嘴、咬笔杆、咬手指等行为，这些行为就是典型的口唇安慰反应。这些行为能够帮助他缓解压力，给他带来精神安慰，缓解其内心紧张不安的情绪。

口唇安慰反应有三个比较重要的动作：磨牙、咀嚼和吞咽。

（1）磨牙。对于磨牙动作来说，最常见的就是人在愤怒时会做出咬牙切齿的反应。

（2）咀嚼。对于咀嚼来说，主要表现在咀嚼的动作会随着人的情绪变化而发生变化。比如：正在咀嚼口香糖的人在受到刺激之后，他的咀嚼动作首先会因冻结反应而暂停；如果他受到的只是轻微的负面刺激，那么就会产生些微焦虑、担忧的情绪，这时，他咀嚼的频率会明显加快，或者出现加大咀嚼力度的动作。这些动作明显区别于正常状态下的咀嚼动作，原因在于他想通过这样的动作来缓解自己的不安情绪。

（3）吞咽。有时候人们在受到刺激源的刺激之后，会通过吞咽口水的动作来获取安慰，借此缓解紧张的情绪。

3. 肌肤安慰

皮肤是人体表面的组织，它具有保护身体、感知外界因素和排汗的功能。当皮肤被温柔触摸或者抚摸的时候，人们会产生舒缓的安全感。这就是肌肤安慰反应的结果。

常见的肌肤安慰反应一般出现在头部、脸部、颈部，如轻抚额头、揉鼻子、摸耳朵、摸脖子、摸下巴等。这些通常是人们在面对负面刺激时所产生的应激反应。

除此以外，人们在感到紧张或者焦虑的时候，通常会伴随一些手部安慰动作，如食指与拇指摩擦、抚摸手背、抠手指、玩手指等。

另外，我们身体的一些重要部位也会出现类似的安慰反应。比如：当我们受到惊吓后，常常会通过拍胸口来缓解情绪；在肚子痛的时候，可能会通过抚摸腹部来让身体感到舒适一些。

需要注意的是，在日常沟通中，我们可以利用安慰反应，做出一些安慰他人的动作，这也是拉近彼此关系、促进顺利沟通的必要动作。

知识链接：沟通中的安慰反应

在日常生活中，自己的亲朋好友难免会有伤心难过的时候。你可能会这样安慰他："别难过了，事情已经发生了，就坚强面对吧。"其实，这些话无法让朋友得到真正的安慰。

实际上，当一个人遭遇痛苦的时候，言语安慰并不是唯一的安慰方式，肢体语言也可以成为贴心的安慰方式。比如，给朋友一个大大的拥抱，或者陪朋友一起散步，对方会在你的温暖陪伴下，产生安全感，进而向你敞开心扉，诉说自己的心事。他的烦恼也会随着自己的倾诉慢慢消散。当他慢慢平静下来以后，他就可以坦然地面对一切困难和挑战，并且还会从心里对你产生感激之情。

胜败反应：分出胜负之后的本能表现

情境导入

古语云："胜败乃兵家常事。"但是，对于失败，很少有人能真正做到心平气和地接受。在赛场上，我们往往会看到那些获胜者如同胜利归来的将士，脸上满是骄傲之色，而那些失败者则往往一副"斗败的公鸡"的模样。

那么，这种情绪反应是一种本能的反应，还是能被人们控制的反应呢？我们能不能通过自身的努力来控制好这种情绪呢？

专业解析

我们知道，一场战斗的结果必然是一方获胜，另一方失败，不会出现双方都获胜的情况。这就是说，战斗的结果可以分为两个部分，分别属于胜利者和失败者。这样的结果可以使他们产生不同的心理反应和肢体反应，这种反应在心理学研究中被称为"胜败反应"。这种反应是一种对外界刺激瞬间做出的反应。

如果一个人处于稳操胜券、情绪激昂的状态，那么他的表情和肢体动作都会下意识地呈现上扬的趋势，身体重心也会随之上升；相反，如果一个人处于心情低落、沮丧无助的状态，那么他的表情和肢体动作就会呈现下垂的趋势，重心就会受地心引力牵引，呈现畏缩的姿态。

1. 胜利方的表现

由于之前付出了很多的精力和时间去准备一场战斗，在战斗结束以后，胜利方常常会抑制不住自己的激动和兴奋之情，忍不住嘴角上扬，露出开心的微笑。不仅如此，胜利者还会做出一些肢体动作。比如，在足球比赛中，如果有球员在关键时刻踢出决胜的一球，进球后，球员们都会忍不住通过奔跑、大呼、高举双手的动作来表达心中的喜悦。如果是相互协作的比赛，我们还可以看到双方同时跃起，以胸部互撞的动作庆祝胜利。

在与人沟通的时候，那些自信满满的人除了有上述表现以外，在语言方面也会有所表现。比如，他们常常会说出这样的话："我可以的。""我能行！""你放心，交给我好了！"

2. 失败方的表现

与胜利方相反，失败方会变得低迷颓废，产生悲伤、担忧、恐惧等负面情绪。在这种不良情绪的主导下，神经系统会进入压抑的状态，这将控制身体做出一些肢体动作。

失败方通常会表现为眼睛失去光彩，整个身体呈现下垂的趋势。有的失败者甚至会跪伏在地，或者双手覆面仰躺在地，或者低着头坐在地上一言不发，又或者双手捂着头蹲在地上。

在与人沟通的时候，那些有着严重挫败感的人除了有以上表现以外，还会说出一些自卑的话。比如，他们会说："我不行！""我做不到！""我什么都做不好！""如果某某来做这件事，一定能做得更好！""我怎么这么差劲！"

如果一个人经常遭遇挫败、失利，他在平时与人沟通的时候，就会出现这样的姿态：身体不够挺拔，肢体动作放不开，整个人显得十分拘谨，就连观察对方也不敢正眼看，而是低着头斜眼看，等等。

知识链接：与失败者的沟通之道——不骄不躁

有的人在取得一些成绩的时候，不知不觉中就会膨胀，觉得似乎整个世界尽在自己的掌握之中，没有什么是自己不能做到的，于是变得狂妄、自大，一副高高在上的样子。

殊不知，他的这种表现在失败者看来是一种炫耀，是一种对他人的嘲讽和挑衅。虽然大多数时候，我们可以理解一个人在经历千辛万苦后取得成功的喜悦心情，但是这样的做法还是很容易招致失失败者的反感。

因此，在取得成绩的时候，可以适当地表达心中的快乐，但是最好不要在失败者面前得意忘形。如果被胜利冲昏头脑，在失败者面前口无遮拦，表现得过分自傲，那么必将付出很大的代价。

爱恨反应：亲近与逃离的身体反应

情境导入

在生活中，我们怎样才能判断出对方对自己的印象呢？是喜欢，是厌恶，还是其他呢？

比如：怎么知道自己喜欢的人是否也喜欢自己呢？怎么知道自己心中仇恨的那个人是否也在恨自己？在商务洽谈时，怎样才能知道对方对自己是否印象良好呢？

专业解析

人与人之间的感情是非常复杂的，但是我们可以通过两个人的身体距离来判断双方的心理距离。

比如，一对热恋中的男女从亲密无间到厌烦对方，他们身体距离的远近透露出了两个人内心爱憎的倾向。这就是说，如果喜欢一个人，就会自然而然地想靠近对方；如果不喜欢或者讨厌对方，就会想方设法远离对方。对一个人感兴趣就会靠近对方，害怕一个人就想躲开对方，这就是我们常说的爱恨反应。

1. 亲近反应

一般来说，两个人的亲密程度不同，他们就会表现出不同的身体距离。根据人与人之间距离的远近，可把彼此之间的关系分为四种（见下表）：

四种距离与对应关系

物理距离（米）	亲近关系	对象范围
≥3，<7	公共距离	彼此不熟悉的人
≥1，<3	社交距离	社交活动中的人
≥0.45，<1	个人距离	朋友、熟人和亲戚
<0.45	亲密接触	爱人、父母、子女

研究表明，如果我们允许某人或者十分愿意某人接近自己，说明我们心里是愿意亲近这个人的。情侣间拉手、拥抱、亲吻等，都是这种亲密心理的直观表现。当然，如果一方厌恶另一方，则不可能出现如此亲近的距离。

那么，我们在进行社交活动时，怎么把握好彼此之间的亲近程度呢？

首先，我们要知道亲近行为包括试探性的小幅度、低频率行为和大幅度、高频率行为。在不能确定双方关系的时候，最好通过侧耳倾听等试探性的动作来进行判断，在此之后再采取行动，否则只会给自己带来不愉快。

2. 逃离反应

前面我们讲过，当动物感知到危险或者面临威胁的时候，第一反应是保持瞬间的静止，也就是冻结反应。其实，动物的反应不仅仅是这些，它们在短暂的停滞的过程中会迅速判断出刺激源的危险程度。如果危及生命，它们就会立刻做出逃离的反应。不仅动物，人类也是如此。

时至今日，生活中能够直接导致我们奔走逃命的情况已经很少见了。尤其是人类进入文明社会以后，这种原始的逃离反应慢慢地改变了形式。比如：当我们受到惊吓的时候，马上会后退一步或者半步；在碰触到高温物体的时候，会迅速缩回手；路过坍塌路面的时候，会远远地绕道走。

在日常生活中，逃离反应通常表现为深深吸气、转移视线、脸色惨白，以及腿部的细微动作、身体发生移动。下面这个例子中就体现了逃离反应。

有一次，你把自己非常喜欢的明星的最近动态讲给一个同事听，他微微斜侧了一下身体，然后点头说道："这个明星是挺不错的。"

如果没有观察到这个同事的肢体动作，你一定会认为这个同事认同你的看法。但是实际上，从他的举动中，我们能够明显地感觉到他的逃离反应。言语上的认同只是社交中的一种手段，如果没有注意到沟通对象的一些行为，就很可能会因为双方价值观不同而不欢而散。

知识链接：爱情“攻心计”

很多情窦初开的人在爱情方面比较迷茫，他们不知道自己喜欢的人对自己是否同样有好感。其实，要做出判断很简单。

假如一个男孩不能确定自己心仪的女孩是否喜欢自己，那么他可以做一些试探性的动作。他可以挨着女孩坐下，如果女孩没有什么排斥的反应，那么他们之间就是可以彼此接触的关系。如果男孩做出一些触碰对方敏感部位的动作，如靠在一起、头碰头或者拉起对方的手，女孩也没有表现出明显的排斥态度和行为，那么两个人的关系就可以更进一步了。相反，如果男孩在做出一些触碰对方的举动时，女孩要么做出躲闪的动作，要么身体变得僵硬，双方始终无法接近，这就说明两个人的关系不够亲密，或者女孩对男孩有厌恶和排斥的心理。

仰视反应：面对优势定位的体态反应

情境导入

站在比自己高的人面前，我们常常会有一种自上而下的压力感；在自己的领导或者上司面前，我们通常会表现得比较拘谨。

为什么会出现这种反应呢？

专业解析

在人的意识中，比自己大、比自己高的东西，都是需要仰视和敬畏的。这是人类在长期进化的过程中形成的本能。与此同时，人类会抬高自己的身体以显示自己的某种优势，或者压低自己的身体以表示谦卑和服从。由此可见，仰视反应就是对能力高低、地位差异、胜败预测、优势定位进行判断后产生的反应。

通常来说，仰视反应包括两个方面的行为：自我提升高度的行为和自我降低高度的行为。

1. 自我提升高度的行为

每个人身上都有闪光点或者自认为比别人优秀的地方，通过自我认同实现自身的心理健康。然而，当这种自我认同被外界认同，甚至外界认同超过自我认同时，在仰视反应的影响下，主体就会产生傲慢的情绪。这种情绪表现在行为上主要有两种身体反应：抬起头，抬高下巴；眼睛向下斜视。

实际上，这些动作常常出现在还没有建立起任何利害关系的人之间。它可以使人无须花费太大力气就有良好的掌控感。程度稍微加深的傲慢反应还会加上摇头晃脑、半露牙齿的轻蔑表情。

此外，还有一种程度更深、轻蔑意味更浓的反应，具体表现为仰头、抬起下巴，但身体并不正面朝向对方。这种姿态往往会与挑衅的表情一起出现，加深了轻蔑的程度。这会对他人造成强大的心理刺激。所以，在与人沟通的过程中，要尽量避免这种反应的出现，以免给沟通带来不利影响。

2. 自我降低高度的行为

如果说抬头表明的是自我提升高度，那么低头则代表着自我降低高度，希望通过这种身体反应来向对方传达一种服从、谦逊的态度。

工作中，在与管理者沟通时，身体姿态常常表现为低头、保持脊背挺直。低头表示服从，而脊背挺直有两方面的含义：一是如果管理者发布的命令是正确的话，这种动作被认为是认同、服从；二是如果管理者发布的命令是错误的，这种动作就代表屈服。

在生活中，由于仰视反应而降低自我高度的行为还有很多。比如，人们在和比自己身份高的人一起走路的时候会不自觉地落后半步，就连步伐的幅度和迈步的频率都会出现明显的压抑和控制。

知识链接：从握手方式看仰视反应

握手，是一种重要的现代礼仪，这一动作通常代表着友好、尊敬、鼓励等情感，有助于消除隔阂，加深双方之间的理解和信任。一般来说，握手可以分为四种方式。

1. 礼节性的握手

主要特征是时间短、力度小，一触即散。这种握手方式多见于双方首次见面且对彼此不甚了解的情况下，代表双方暂时保持独立，若要加深彼此之间的关系，还需要进一步的接触。

2. 平等的握手

这种握手方式适用于对对方有一定的了解，且相互认可甚至惺惺相惜的情况下。握手双方是平等的关系。在握手时用整个手掌相握，同时适当用力，上下摇晃，但时间不会很长。

3. 有身份差异的握手

若握手双方存在身份差异，处于强势的一方在握手时通常用力不会太大，时间不会太长；而处于弱势的一方，握手的力度相对会大一些，为了表示自己的尊重，还会让对方先放手，且握手的力度全凭对方的掌控。

4. 施压性的握手

这种握手方式表明其中一方想要通过这一短暂的礼节性动作与

对方进行较量，以此突出、强化自己的优势。他通常会很用力地握手，以显示自己的力量，在晃动手的同时做下压的动作，以便突出自己的地位。

第四章

观察入微，沟通要善于观察身体语言

在人与人沟通的过程中，观察肢体语言是必不可少的一项沟通技能。否则，仅凭言语很可能会会错意，或者不能读懂对方的暗示，导致沟通失败。几乎所有的沟通高手都会细心观察对方的一言一行，了解对方的所思所想，做出有针对性的反应。

身随心动，根据身体语言读懂对方的心理

情境导入

初次参加某项活动时，你遇到了四个人。在与你寒暄的过程中，他们有如下表现：

a. 低着头，一副忸忸怩怩的样子。

b. 双手插在上衣口袋里，双腿大张着坐在椅子上。

c. 微笑着和你打招呼，脊背挺直，坐得很端正。

d. 自来熟，上来就直呼你的名字，时不时拍拍你的肩膀，表现得很熟络。

这时，你会对他们中的哪位更有好感呢？

专业解析

人类学家经过长期研究发现，一个人要将信息完整地传达给外界，语言部分只占到7%，声音语调约占38%，剩下的55%则是肢体动作（见图4-1）。

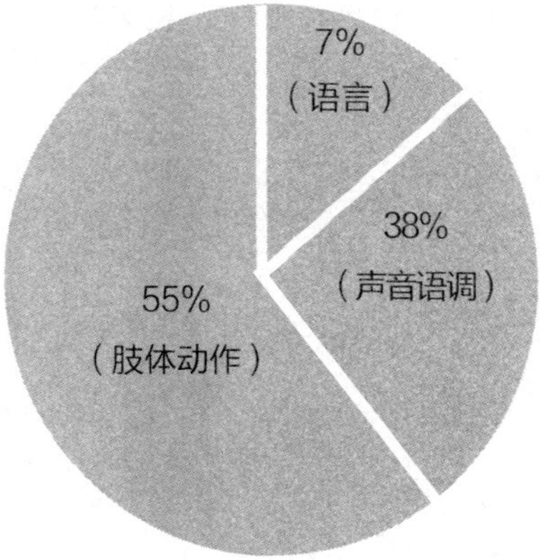

图4-1

我们在日常沟通时，即使没有进行语言交流，也可以通过对方的身体语言来了解他内心的想法。当然，对方同样可以通过身体语言来解读我们的真实想法。许多人善于在语言上伪装自己，但身体语言经常会“出卖”他们。所以，破译人们的肢体语言密码，可以更准确地认识自己和他人。

想象一下，假设你和一个朋友正在进行较私密的对话，这时第三个人走过来想加入你们的谈话，但是你并不喜欢这个人，又不想粗鲁地呵斥这个人离开，那么你所能做的就是利用你的身体动作让他意识到你们想要单独交谈。

在这个过程中，你可以和第三个人进行语言交流，但是不可以直接告诉他你拒绝他加入谈话。实际上，你只要明显地将你的身体背向那位“闯入者”，就可以让他清楚你的感受。他会发现很难与你进行交谈。

在此过程中，你的身体动作所传递的非语言信息就是“我们正聊得起劲，而且不希望你加入我们的谈话”。从这里，我们就可以看出身体语言所展现的非语言魅力。

一般来说，身体语言包括以下几种类型：

1. 姿势

人的身体姿势多种多样，在与人沟通的过程中，通过观察这些姿势，我们可以大致了解一个人的心理状态和情绪起伏。另外，姿势可以反映一个人的身份地位。我们经常可以在管理者办公室里看到：在管理者与员工交谈的过程中，员工通常比较拘谨，而管理者常常向后倾斜靠在椅子上。

2. 手势

手势指的是手或手臂的运动，是一种非常重要的非语言沟通方式，但是很多人在使用它时却不自觉。有一些社会科学家认为，手势可能是人类最早的沟通形式。

3. 表情和眼神

面部是一个人被注意得最多的部分，但是面部表情和眼神所传递的非语言信息是不易被解读的。对于面部表情来说，光是眉毛和额头就会出现至少八种动作，眼睛和嘴唇也至少有八种，下巴大约有十种。

通过对本节开头所提到的a、b、c、d四个人的身体语言的综合分析，我们可以得出他们分别对应的四种第一印象：内向，不自信；傲慢无礼；很有礼貌；自来熟。相信不管是谁，都会对c产生好感吧，而且这种好感能够持续相当长一段时间。相反，如果一开始就给他人留下一个糟糕的印象，那么要想在事后挽回，则是一件异常困难的事情。

知识链接：教你识别几种常见的身体语言

一般来说，人们常见的身体语言可归结为以下三种：

1. 表示不感兴趣的身体语言

当一个人对某件事或者某个话题不感兴趣的时候，会下意识地做出一些行为。比如，在谈话过程中，一方渐渐地减少了微笑和点头的次数，眼睛开始看向其他地方，脑袋扭到一边；频繁地看手表；用手指敲击桌子；用一只手撑着下巴，或者用整个手掌支撑着脑袋，甚至打瞌睡；等等。如果在谈话的过程中发现对方出现了上述行为，那么，最明智的做法就是立刻停止谈话。

2. 表示排斥的身体语言

面对自己讨厌的对象，人们往往会释放一系列的拒绝和排斥的信号。比如，向对方吐舌头，就代表对他的排斥。

此外，面对顽劣的孩子，父母或者老师常常通过双手捂住脸、叹气或跺脚等类似的动作来表示对他们叛逆行为的排斥。

3. 表示隐忍的身体语言

在沟通时，如果一方对另一方的行为或者观点并不赞同，但是又不好直接提出反对意见的时候，会出现一些这样的身体语言：低着头，避开对方的目光；不时地用手搓揉衣服上的线头；抠桌子的边缘，抠墙或抠指甲；等等。这种情景通常出现在与长辈交谈的晚辈、与管理者交谈的员工身上，出现这些肢体动作，表明他们在隐忍。

点头不一定代表满意，读懂对方的头部动作

情境导入

孩子在学习英语时常常会背顺口溜“点头yes，摇头no”，但点头一定代表肯定的意思，摇头一定代表否定的意思吗？人的头部动作所代表的含义真的那么简单吗？

专业解析

头部是人体的“指挥部”，是口头语言和身体语言的领导者。因为头部集中了所有的表情器官，所以，它是人们关注、观察身体语言的重中之重。

在日常交际中，我们可以通过观察对方的头部动作来了解一些重要的信息。从某种程度上来说，一个人的头部动作所传达的信息最接近他内心的想法，因此可以说，观察一个人头部所得到的信息是最为准确无误的。

在大多数情况下，头部动作代表的意义十分直观，但是在某些情况下，一个人的头部动作有特殊的含义。这就要求我们在日常交

谈中注意观察对方的头部动作，并据此分析其复杂的情绪和心理。

1. 点头和摇头的含义

我们在交流时，常常会伴随一些头部动作，其中出现次数最多的就是点头和摇头的动作。在通常情况下，点头和摇头都是在向对方表明内心想法。

（1）点头。点头一般表示肯定，但是如果交谈中一方点头频率过高，如连续点头三四次，则表明对方很可能并不认同你所讲的内容，甚至可能持有相反的意见。

另外，如果对方在你讲话时不时地点一下头，但是他点头的频率和你所讲的内容并不相符，你讲完一个话题很久对方才点一下头，这表明对方并没有认真听你说，他的心思根本就不在你们的交谈上，或者可能是有某种隐情。

（2）摇头。在交谈过程中，如果对方在听到你所讲的问题或者请求的时候微笑着轻轻摇头，这并不一定代表你被完全拒绝了，也许你需要更加委婉，或者坚持自己的观点，时间一长，对方很可能会被你说服。

与点头相似，如果对方摇头的动作与你所讲的内容不在同一节奏，那么他很可能在走神，不经意地摇头，并不是在否定你所讲的内容。

2. 其他头部动作的含义

（1）突然低头。双方正在交谈的过程中，如果一方突然把头低下，很可能表示谦卑或者害羞之意。但是如果随着头部低下，眼睛会瞪人，而不是自然下垂，则表明怀有敌意。

（2）头部后仰。这个动作代表自信和骄傲。当一个人把头往后仰的时候，他的情绪变化通常是从沾沾自喜、桀骜不驯变为自认为优越地存心违抗等。这种动作往往有挑衅的意味，所以我们在与人沟通时尽量不要出现这种动作。

（3）把头部从感兴趣的点向侧面移开。这是一种保护性动作，面部移开用以回避对身体有威胁或者会伤害身体的事物。不过，在一些特殊情况下，这个动作也用来掩饰面部表情或者隐藏自己的身份。

知识链接：触摸型头部动作的分类

心理学家莫里斯把触摸型头部动作分为四类：

第一类是隐蔽动作的接触，主要用来掩饰自己的真实想法，此类动作诸如摸鼻子、用手遮脸等；

第二类是身体的动作，也就是把手举向头部的动作，原本只是为了整理头部而出现的不经意的动作，但是当自己感觉紧张时，也会做出这些动作来安抚自己，如理一理头发等；

第三类是具有特殊象征性的接触，如人们在思考时常做的用双手抱头的动作就属于此类；

第四类动作属于自我亲密性接触，包括用手侧撑头部的动作等。

当然，这种分类并不全面，这是因为：第一，头部动作有多种含义，并不能强行将其划归一定的范畴；第二，这些由其他肢体配合完成的头部动作大多是为了追求精神上的稳定，只能说这些分类大部分正确。

学会观色，让沟通更有针对性

情境导入

在一次商务谈判中，双方相谈甚欢。甲方代表对谈成这次生意充满信心，因为在整个谈判过程中，乙方代表看起来颇感兴趣，他面带微笑，且不时地点头示意，似乎很想与甲方达成交易。结果，令甲方代表没想到的是，乙方代表最后却表示："我明白了，谢谢，让我考虑一下再说吧！"

甲方代表怎么也想不明白：明明乙方代表看起来对双方的合作兴趣十足，为什么却出现这样的结果？难道对方的表情也会撒谎？

专业解析

人们常说："人逢喜事精神爽。"科学研究表明，当人类产生内在的情感体验时，一般都会通过面部表情表现出来。在所有的身体姿态中，面部表情可以最直观地展示出人的心理状态及其变化过程，面部表情是反映人的内心情感变化的晴雨表。

实际上，面部表情具有多样性的特点，它是最丰富、最具表现力的语言，而且它变化迅速，不易捕捉。

同时，面部表情又具有复杂性的特点。

美国心理学家拜亚做过这样一个实验：他随机找了一些人，让他们做出不同的表情，然后把录像放给许多人看，让大家猜测表情的含义。结果是，人们猜对的平均不到两种。

从这个实验可以看出，虽然表情可以在一定程度上反映一个人的情绪，但是由于表情的多样性和复杂性，要想具备瞬间猜透人心的能力，实属不易。

在与人沟通时，最吸引对方注意的就是面部表情所传达的信息，因此有“出门看天气，进门看脸色”的说法。优秀的沟通者往往能够在对方开口之前，就根据对方的面部表情对其心理、气质、情绪、性格、态度等有所了解了。

在现代社交中，察言观色依然是沟通中的一个非常重要的手段。虽然面部表情存在多样性和复杂性，但是对于一个心思细腻、观察力强的人来说，他仍然可以在一分钟内从沟通对象脸上读出一些重要信息，并且迅速地做出判断，洞察对方的内心。

知识链接：面部表情在沟通中的禁忌

1. 忌表情消极

时刻带着积极的表情出现在社交场合是每个人都必须具备的基本素质。有一位著名的企业家说过这样的话：“在经常需要商务交往的职位上，我宁愿雇一个没上完小学却有着愉快笑容的人，也不会雇一个神情忧郁的博士生。”这是因为，没有人喜欢看到你愁眉苦脸的样子。相反，如果你的面部表情生动且充满善意，就很可能使对方感到愉快，他就可能有兴趣和你合作。由此可见，好的面部表情作为一种特殊而重要的身体语言对人际交往有多么重要。

2. 忌表情呆板

在社交场合，如果你的表情单调、呆板，那么就会给对方带来不好的印象，他也许会认为你是一个平庸无趣的人，也许会认为你是一个城府很深且奸诈狡猾的人。即使你的外表再迷人，也会让人对你避之不及。

3. 忌表情错位或者失常

在与人交往的过程中，要善于控制与调节自己的情绪、神态，使之适合社交的需要。如果你的神情错位或者失常，就会显得与交际的环境格格不入，这样很容易引起别人的误解甚至反感，从而影响到你的人际交往，甚至成为你成功道路上的阻碍。

手也会“说话”，沟通要读懂对方的手势语

情境导入

有一个人和朋友在一家饭店里推杯换盏，饭店快要打烊了，他们还没有离开的意思。这时，一个服务员面带笑容来到他们身边，一边摩擦手掌，一边热情地说道：“您还需要点些什么？”这个人看到服务员这么热情，愉快地说道：“再来一扎啤酒。”顿时，服务员的脸色沉了下来，她没说一句话，气呼呼地走了。

这个人顿时傻眼了：这个服务员怎么翻脸比翻书还快？到底是怎么回事？

专业解析

上面情境中服务员翻脸，与这个人不懂得解读对方的手势有很大的关系。虽然对方的表情是热情的、愉快的，但是他没有捕捉到对方的手势。

摩擦手掌这个动作常常代表着精神振奋、跃跃欲试，这个手势其实传递的是一种期待的心情。这个服务员通过摩擦手掌的动作想

要告诉这个顾客："我们该下班了。"

除此以外，人们在心理活动发生变化时还会做出其他不同的手部动作。下面的几种手势也体现了心理的变化。

（1）当遭遇重大事件或者变故时，人们常常会十指交叉紧扣，这是面临压力或者不太自信时的表现。

（2）当看到、听到或者想到一些不好的事情时，人们的手会不由自主地颤抖。

（3）在初次见面时，为了表示对对方的重视和尊重，相互握手。

有行为学家曾经形象地把手势比喻为"人的第二唇舌"，可见，手势在身体语言中占据着十分重要的地位。

一般来说，根据手势所起的作用，可以将其分为三种类型：

1. 强调重点的手势

这种手势是最常见的手势，常常伴随着谈话而产生，不能单独存在。比如，假如有人在大街上向你问路，你可能会直接告诉他一些街道名字和明显的路标，但是最有可能的是你会用手指为他指出方向，并用手势指引他如何到达那里。

2. 具有表征功能的手势

这种非语言行为常常代表非常明确的意思，并且交流的双方都会明白其中的含义。这种手势与第一种手势的不同之处在于它可以独立存在，并且经常可以代替语言。

举例来说，挥手代表"你好"或者"再见"，把手放在耳朵边代表“我听不见你说的话”。

有一点需要牢记，那就是它所代表的含义并不是放之四海而皆准的，它只限定在一定的地区、一定的人群。比如，在北美，如果一个人对另一个人竖起大拇指，那么代表“很棒”的意思，但是在其他一些国家则有“猥亵淫秽”之意。

3. 调节动作的手势

这种动作指的是对环境做出回应的一种无意识的身体动作。这种动作不像因天气寒冷而出现的瑟缩发抖、双手抱胸的动作，而是与人沟通时，根据氛围做出的一种无意识动作。

比如，当独自一人或者与家人、朋友在一起，心情比较放松时，可能会出现搓耳朵、卷头发或者抠指甲之类的动作。

知识链接：特殊的手势语言——触碰和拥抱

我们知道，手在实现自我安慰的过程中具有重要作用，而且它还是人与人之间联系和沟通的重要工具。在人际沟通中，触碰和拥抱是增进感情的重要工具。

1. 触碰

有研究结果显示，身体的触碰对人的身体健康十分有利，它能有效缓解紧张情绪，使人逐渐放松。当人与人之间发生肢体触碰时，他们身体里会分泌一种叫作内啡肽的物质，这有助于增进人们之间的感情。这其实也是家人、情侣之间感情日益亲密的原因。

与其他非语言行为一样，身体触碰的关键在于要了解对方的舒适度，要做到应情应景。在与人沟通时，我们要根据具体情境，分辨出什么样的举动是合适的，什么样的举动是不适宜的。

2. 拥抱

在中国，拥抱这种动作常常出现在关系比较亲密的人身上，人们更习惯于握手和打招呼等社交礼仪。

然而，如今，拥抱这种最早兴起于欧美国家的社交礼仪已经逐渐在中国盛行起来。礼仪性的拥抱动作通常是这样的：首先相对而立，目视对方，然后右臂向上，左臂向下，右臂环绕对方的肩颈，右手抚对方的右肩膀，左臂环绕对方的后腰，左手抚对方的左后腰，同时把身体向左倾，最后拥抱在一起。不过，在拥抱的过程中，需注意的是，要保持头部相贴，拥抱时间不超过三秒，拥抱力度要以使对方感到舒适为宜。

优雅大方的坐姿，给对方留下一个好印象

情境导入

一家化妆品店里，来了一位很时髦的女士。店员李小姐热情地请这位女士坐下，并向她介绍最新款的化妆品，还建议她先试用一番。不过，李小姐注意到，这位女士始终是浅坐在椅子上，稍懂心理学的她决定先介绍化妆品的种种好处，如能让女士看起来更美、更有气质等，最后再说出这些化妆品的价格，建议她购买。

李小姐这样做的用意是什么呢？这体现了什么心理学原理？

专业解析

优雅、端庄的坐姿是一个人举止得体的表现。不管是伏案办公、参加会议，还是会客交谈、娱乐休息，坐姿都是十分讲究的。

古人对坐姿有“坐如钟”的要求，就是说坐的时候要像一座钟一般端直。“坐”作为一种举止，其实有着雅和俗之分。优雅、大方的坐姿可以给对方传递出自信、热情、友好的信息，同时建立起

自己高雅端庄的形象；而不雅的坐姿会给他人留下不良的印象，影响自己的社交，甚至导致与成功失之交臂。

孙豪，人如其名，为人豪爽，大大咧咧，不喜欢拘泥于礼节。他在商场上打拼数年，身价和口碑在同行业中是数一数二的。

不过，有一次他在和一家德国公司谈合作时却失利了，原因让他至今羞愧不已。本来以他的综合实力，竞标成功是十拿九稳的事，他还准备回来庆功，但是公布出来的结果让他傻眼了：那家德国公司选中了孙豪的竞争对手。孙豪十分气愤，他直接问德国公司的负责人，却得到了这样的回答：“你们公司的实力确实比那家强，但是您的举止不是一位成功商人应具有的。”

孙豪没弄明白他说的是什么意思，但是碍于情面，不好再问。他回公司以后，让秘书找出那天竞标会的录像。在播放的时候，他发现其他人都坐得笔直，只有最中间的那个人不同。只见他四仰八叉地坐在那里，不时地看看手机，有时还换换姿势，动作很随意。孙豪再仔细一看：那不是自己吗？直到这时，孙豪才明白原来几百万的生意是毁在自己的举止上了。

在生活中，有时我们也会看到一些人的不雅坐姿，比如两腿叉开，双腿抖个不停，这些坐姿都是不文明、不礼貌的。

坐姿，能反映一个人的性格等多方面的特征，也能反映一个人此时此刻的心理。了解坐姿所反映的心理状态，可以让双方的沟通更顺畅，因此，我们有必要了解几种常见的坐姿所反映的性格特征。

几种常见的坐姿

坐姿	性格特征
两腿和两脚跟并拢靠在一起，双手交叉放于大腿两侧。	为人古板，比较自我，固执己见，不会轻易接受别人的意见。他们凡事追求完美，但是做事缺乏耐心。
张开手脚，两只手没有固定搁放处。	支配型性格，喜欢掌控一切、指挥别人；或者性格外向，不拘小节，甚至有点不知天高地厚。
脚踝交叉而坐。	这是一种警惕或者防范的坐姿，对事物比较敏感，性格偏内向。
身体蜷缩，双手夹在大腿中间。	非常自卑，谦逊而缺乏自信，多数属于服从型性格。
左腿搭到右腿上，双手交叉放于大腿两侧。	有较强的自信心，有主见，协调能力强，有较强的领导才能和欲望。
左腿搭到右腿上，两小腿靠拢，双手交叉放在腿上。	看起来和蔼可亲，但是在别人找他谈话或者办事时，喜欢摆架子，没有耐心，做事三分钟热度。
两膝盖并在一起，小腿随着脚跟分开，呈“八”字样，两手掌相对，放于两膝盖中间。	性格内向、保守，容易产生害羞、胆怯、忸怩的心理，对朋友真诚，能两肋插刀。

除此以外，还有其他坐姿，比如本节开头提到的浅坐。浅坐的姿势是一种处于心理劣势的表现，也是一种没有安全感的表现。这也是本节开头的情境中李小姐没有在推销的开始就说出价格、建议购买的原因。

知识链接：现代礼仪中标准的坐姿

标准坐姿的要点有以下几个：

1. 轻、稳、缓是入座的基本要求

走到座位前，转身，轻稳地坐下。在正式场合，要坚持“左出”和“左入”的礼节，就是从椅子的左侧入座，也要从左侧离开。

2. 动作自然得体

双肩持平放松，手臂自然弯曲放在腿上，也可以放在沙发或者椅子的扶手上。需要注意的是，掌心要向下，动作要自然得体。

3. 就座时，上半身要挺直，但是不要过于僵硬

下半身的坐姿，男女各不同。女士可以双膝自然并拢或交叠或呈小“V”字形；男士可将双膝分开一拳的距离，两脚呈现小“八”字步或者稍稍分开，既显得自然，又显得很洒脱。

4. 不要坐满

坐在椅子上时，最好坐满椅子的2/3；坐在沙发上时，最好坐满沙发的1/2。在入座十分钟内，最好不要倚靠椅背；如果时间较长，可以适当轻靠椅背。

5. 应根据交谈者的方位调整坐姿

在坐着与人交谈时，应根据交谈者的方位，把上半身、双膝侧转向交谈者，但是上半身仍然要保持挺直的状态，面带微笑，不可出现自卑、恭维、讨好的姿态。

观察足部动作，推测他人内心的想法

情境导入

有一次，一位心理学家去找朋友闲聊。来到朋友家的时候，她看到好友正在打电话，但是朋友并没发现她的到来。于是，心理学家就坐在旁边，等朋友打完电话。不一会儿，心理学家看到朋友的脚尖向上竖了起来。她猜测，朋友一定是遇到了什么开心的事情。等朋友挂掉电话，心理学家走上前去，问道：“什么事儿这么开心？”这时，朋友才看到了她，笑着说：“什么都逃不过你的眼睛。”

试问，心理学家是怎么看出朋友遇到了开心的事？从足部动作真的能看出人的情绪和心理吗？

专业解析

比起手部动作，足部动作要少得多。因此，足部动作所透露的信息往往容易被人们忽视。然而，正是因为人们不注意足部动作，所以它所提供的信息才更有价值。

心理学家通过一系列对下意识动作的研究，发现了一个有趣的现象：人体中，越是远离大脑的部位，其下意识动作所透露的信息的可信度越高。虽然这听起来有点匪夷所思，但是仔细一想确实如此。平时，我们在与他人交往时，往往最先注意的是对方的脸，而且我们心里很清楚，对方也是如此。所以，为了掩饰自己内心的真实想法，我们总是通过伪装面部表情来掩饰内心的想法。

因此，通过观察一个人的面部表情来推测其心思并不太可靠。而脚距离大脑最远，又常常被人们忽视，所以脚的表现更真实可信。实际上，人们的脚部动作，尤其是脚尖的变化，往往透露着人们不同的心理状态。

英国曼彻斯特大学心理学系杰弗里·贝蒂教授数十年来一直研究人的“脚语”。他认为，在与人沟通时，人们通常会注意对方的表情和手势，却很少注意到他的脚部动作，其实人的脚往往能“说”出自己的真实想法。所以，通过观察一个人移动脚的方式，就能了解此人内心的想法。

比如：当一个男性感觉紧张的时候，会通过增加脚步移动的动作来表达这种不安情绪；而女性的表现则正好相反，当她们感觉紧张的时候，反而会保持双脚静止不动。

此外，观察一个人双脚的动作，还能判断他是否在说谎。当两个人交谈，有一方双脚完全保持静止，显得不合常理，那么他很可能正在说谎。

贝蒂教授告诉我们，通常人们认为，一个人在说谎时会因为紧张而出现动作增加的现象，事实并不是这样的，因为说谎者可能会发出错误的信号。他说："每个人都关注眼睛和脸部，但人们善于控制（那些部位的）动作，因此，是否说谎的可靠依据是脚部动作。"

因此可见，在和别人沟通的过程中，为了得到更为准确的信息，我们应把目光更多地放在人体最诚实的部位——脚。

知识链接：不同腿部动作的含义

腿部动作不多，但是每种动作都代表一定的含义。

1. 双脚在一条水平线上，且双脚叉开

一般来说，处于优势地位的公司管理者在和员工谈话的时候，会出现这种姿势。这种姿势彰显了他们的自信状态，甚至让员工觉得盛气凌人。

2. 站立时一只脚在前一只脚在后

在与人沟通时，也许你会发现对方采用这种站姿和你对话，其实这体现了他们内心缺乏安全感，这种方式能够缓解他们紧张的情绪。这种站姿通常会在男性身上出现。

3. 脚向前伸或者缩回

脚向前伸是脚尖朝向的强化延伸动作，脚尖指向只是微微表明了心意，而脚向前伸则是向对方明确地示好。在与人交谈时，不管是对谈话内容还是对谈话对象，只要我们感兴趣，就会把脚伸向对方，借此来缩短和交谈对象之间的距离。反之，如果觉得兴味索然，我们就会缩回自己的脚。假如双方是坐着交谈，这样的行为就会表现得更明显。

4. 把脚放到另外一条腿上

这种腿部动作也被称为“4”字形，通常出现在男性身上，他们通过这样的动作来显示自己的优势地位。当交谈对象做出了这样的腿部动作，就表明他是一个非常自信、有主见、做事独断的人，他不会轻易地改变自己的看法，并且希望别人按照自己的意愿去做事。

第五章
掌握倾听技巧，在沟通中巧妙回应对方

人们常说“会说不如会听”。可见，在沟通中，倾听是一门不可忽略的大学问。这其中包括：听的状态如何；什么时候插话；什么时候停下来，听对方说；听懂对方的口头禅；听出对方的弦外之音；等等。掌握了倾听的技巧，我们能更好地与对方沟通。

了解听的状态：心不在焉VS心无旁骛

情境导入

在与人沟通时，你是否出现过以下几种情况：

a. 你听到对方在讲话，却没有留心关注。

b. 你听到一条信息，可是转眼就忘了。

c. 你听到并记住了一条信息，但是没有捕捉到它真正要表达的意思。

d. 你理解了某条信息，但是没有把自己所理解的内容传达给信息的发送者，致使对方无法得到你的有效回应。

为什么会出现这些现象呢？

专业解析

有人做过这样一个倾听游戏：他随机选取一定数量的人，两人一组分别进行这个游戏。其中一人先连续说话三分钟，另一个人只许听，不能发声，更不许插话，但是可以展现身体语言。接着，两人的角色进行调换。游戏结束后，两个人轮流谈一下对方所说的内容，并请对方确认一下听者所描述的是不是自己所要表达的。

最终结果显示，有90%的人存在一般沟通信息丢失的现象，有75%的人存在重要沟通信息丢失的现象。

此外，还有35%的说者和听者之间对沟通信息存在严重分歧。比如，有一位说话者想表达的意思是“婚姻是需要经营的”，而听者却理解成了“在婚姻中不必过于勉强自己”，这是一种对沟通信息的完全曲解。

正如开头所列举的几种情况那样，有的人虽然看似在听，但是并不能达到听的效果，无法做出及时、有效的回应。产生这种现象的主要原因就在于有的人只是单纯地听，而没有用心去听。

很多人误以为听和倾听是一回事，殊不知，这是两个不同的概念。两者是存在区别的。

在没有出现疾病、外伤等不可控因素导致失聪的情况下，你是无法阻止耳朵接收外来信息，并将其传送到大脑的。也就是说，你无法停止“听”，不管你是否愿意听。

而倾听则不是这种自动的过程，有时我们会自动地或者无意识地屏蔽那些令我们感觉厌恶的声音，比如路上车辆的噪声、蚊子的嗡嗡声等，还会停止倾听那些与主题无关或者不感兴趣的内容，比如无聊的故事、电视广告或者喋喋不休的抱怨。

当我们进入听的阶段时，常常会用两种不同的方式来处理信息。社会学家将其形容为“心不在焉地听”和“心无旁骛地听”。两者之间的肢体表现也是不一样的。

（1）心不在焉地听。这种听的方式表现为我们对别人的信息以自动的或者遵循常规的方式来进行回应，通常是“假装”倾听，草率回应，不会太专注，也不会太费神。听时表现出不耐烦、烦躁不安，甚至做出打哈欠、伸懒腰、不停变换坐姿等动作。

这是一种低层次的处理信息的方式，它的优点是能够使我们的注意力集中在那些重要信息上。人们每天接受的信息量是相当大的，这决定了我们不可能把宝贵的精力浪费在一些不重要的事情上。

（2）心无旁骛地听。这种听的方式涉及对我们接收到的信息进行仔细而又审慎的专注反应。听时会做出点头、微笑、身体前倾等动作，能够积极提问和回应。

通常来说，人们对一些重要的信息或者在乎的人的话，会心无旁骛地听。比如，下面几种情形，人们就会给予信息传送者完整而全然的关注。

当某人谈到关于金钱的话题时，如“把这个旧琴修好需要多少钱”，你就会变得异常专注，竖起耳朵倾听。

当好朋友向你讲述他失恋的经过时，你会聚精会神地倾听，生怕错过一个细节。

在公司召开重要会议期间，你也会精神高度集中，绝不落下发言者的只言片语。

总之，不同听的方式会产生截然不同的沟通效果。要想赢得对方的喜欢，就要做一个善于倾听的人，正如查尔斯·洛桑所说："要让人觉得有趣，就要对别人感兴趣——问别人喜欢回答的问题，鼓励他谈自己和他的成就。"要知道，与你交谈的人，对他自己，对他的需求和问题，比对你和你的问题要感兴趣得多。所以，我们必须善于倾听。

知识链接：美国汽车销售之王遭遇职场滑铁卢

对于倾听的重要性，美国著名的汽车推销之王乔·吉拉德深有体会。

有一次，一位名人来买车，乔·吉拉德向他推荐了那里最好的车型。那位名人对那款车相当满意，马上拿出一万美元现钞作为订金。可是，眼看就要成交了，那个人突然变卦了，脸色不悦地离开了。

为此，乔·吉拉德百思不得其解，直到晚上十一点，他忍不住拨通了那个人的电话："您好，我是乔·吉拉德。今天下午我向您推荐了一款新车，您眼看就要买下，却突然离开了，这是为什么呢？"

"你真的想知道吗？"

"是的。"

“实话对你说吧，小伙子，今天下午你根本没有用心听我说话。就在我准备签字购车前，我提到了我的儿子，他即将进入一所著名的大学读医学，我还提到了他的学科成绩、运动能力以及他将来的抱负。我以他为荣，但是你却毫无反应。”

这就是失败的原因：心不在焉地听让著名的汽车销售大王遭遇了前所未有的滑铁卢。虽然他之前一直在心无旁骛地听，但是他没有坚持到最后。

其实，专心地听别人讲话，是对他人最大的赞美。

根据具体情境，选择最佳的回应方式

情境导入

有一个汽车业的掮客，总结多年的工作经验："滔滔不绝，卖瓜且自夸者三；沉默寡言，虚心求教者八。"那么，在推销的时候，究竟是凭借三寸不烂之舌从正面说服顾客购买好呢，还是控制自己的讲话时间，耐心地聆听顾客的批评或者建议比较好呢？

专业解析

在面对面进行沟通时，倾听者不仅要做到"耳到"，还应做到"眼到""心到"和"脑到"。其中，"眼到"指的是在倾听过程中，要善于观察对方的衣着、表情、体态和手势等，以此判断他所说的话的真正含义。"心到"指的是要学会换位思考，站在对方的立场和角度去体会他的处境和感受。"脑到"就是通过大脑分析对方的动机，以判断他是否话中有话。只有通过这几个步骤，才能对对方讲的话进行正确的回应。总结一下，就是：倾听=耳到+眼到+心到+脑到。

一般来说，倾听的回应方式主要包括以下几点。

1. 保持目光交流

人们常说："眼睛是心灵的窗户。"在沟通时，一个细心、敏感的倾听者通常会适当注视说话者的眼睛，并保持与对方的目光接触。但是，如果长时间直视对方的眼睛，则是一种不礼貌的行为，容易引起对方的反感。

这时，我们可以注视对方的眼睛周围，如发际、嘴、前额、颈部等。保持目光交流实际上是一种非语言沟通方式，意在表示"我在全神贯注听你讲话"。如果在交流时不看对方，则会给对方留下冷漠或者不感兴趣的印象，那么对方即使有重要的事情，也不愿意再继续讲下去了。

2. 采取开放式的姿势

人的身体姿势常常能体现出是否对对方及对方所谈的话题感兴趣。通常来说，开放式的身体姿态代表着接受、容纳、尊重与信任。有调查研究发现，眼神不定、弯腰驼背、手臂交叠、跷脚等动作，都会传递负面的信息，进而影响沟通的效果。

这就要求我们在倾听的时候，避免这些负面肢体语言的出现，同时，配合恰当的动作，如手托腮等动作，显示出自己诚恳的态度。这些都能让说话者感受到倾听者的支持和信任。

3. 及时回应对方

有效的倾听不仅包括对所听的信息表现出兴趣，还包括利用各种对方能理解的表情和动作及时给予回应和反馈。比如，用点头表示赞许或用皱眉表示迷惑不解，给说话者提供准确的反馈信息，以便让其及时调整。

4. 学会复述对方的话

复述对方的话，也就是用自己的话重新描述一下说话者所说的内容。懂得倾听的人常常使用这样的语言：“你刚才说的是……”“你说的是不是这个意思……”“就像你刚才所说……”这样的复述，既表明倾听者很认真，又能够利用对方的话引出自己的观点。同时，还能赢得说话者的信任，并找到共同话题，拉近彼此间的距离。

知识链接：管理者EAR三步走的学习模型

善于倾听并予以反馈是所有管理者走向成功必须掌握的技巧。但肯·布兰查德·哈尔西博士认为，现在，很多管理者对这方面没有足够重视。他们更注重高效完成工作任务，倾听与回应自然很容易被抛置脑后。

为了帮助管理者在管理过程中放缓步子，着眼于员工的长期发展，哈尔西博士提出了EAR三步走的学习模型。该模型包括Explore（探究）、Acknowledge（了解）、Respond（回应）三个步骤，其精髓在于让管理者肯花时间充分探究下属所提出的问题，了解他们的真实想法，在此基础上做出合适的回应。

第一步：探究。这个步骤要求管理者提出一些开放式问题。例如：“可以告诉我更多关于它的内容吗？”“你认为接下来会如何发展？”“它的真正含义是什么？”

第二步：了解。对于下属的回答，可以做出如下的回应。例如：“你是不是认为……”“所以，如果我没听错的话，你的意思是……”

第三步：回应。当管理者对下属的观点清楚了解后，可以在此基础上，结合实际情况，给出适当的反馈意见。

不要总是当主角，要给对方话语权

情境导入

法国著名启蒙思想家、文学家、哲学家伏尔泰有一句名言：“我不同意你说的话，但我誓死捍卫你说话的权利。”在日常生活中，你是否有过打断别人讲话的经历，或者说话被打断的经历？你的心理感受是什么样的呢？

专业解析

小的时候，父母和老师总是告诫我们：“不管做什么事情都要有始有终；如果半途而废，那么之前所做的一切努力都将白费，最后只能留下遗憾和懊悔。”

同样的道理，在听别人讲话的时候，我们也不能半途而废。因为语言的魅力之一就在于其具有戏剧性，如果我们听了一半就妄下结论，并做出反应的话，很可能会造成误解。另外，如果对方前面所说的话只是一个引言，或者是一个故意布下的陷阱，那么，这样的沟通注定会失败。

即便没有陷阱，打断别人说话也是一种非常不礼貌的行为，是不尊重对方的表现，这难免引起对方的反感，沟通也就不能顺利地进行下去。

此外，心理学上有一个心理定式：如果一个人心里想着一些事情，他就会启动心理定式将其说出来；直到一股脑全说出来，他才能听进别人的意见。因此，在别人说话的时候，如果想表达自己的观点，最好先让对方把话说完，这样做既符合交谈的礼仪，同时也是让对方认真听你说的关键。否则，在你插话时，对方脑海里还在想着之前未讲完的话题，又怎么能认真听你说话呢？

实际上，许多事情的真相就隐藏在没有听完的部分。

有一次，学校正在上体育课，老师突然说希望学生周末能够参加市里举办的“树新风，整市容”的志愿者活动，让愿意参加的向前走两步。

这时，正好辅导员过来了，两人交谈了一会后，老师发现，长长的队伍仍然是一条直线，似乎并没有人往前迈出两步。他有点生气。

“报告老师！”这时最前排的一个学生似乎要说些什么。

然而，老师打断了他的话，说道：“你们作为学生，应当热爱劳动，乐于助人，怎么没有一个人参加呢？”

“报告老师！”还是站在最前面的那个人说话了，他说他们刚才每个人都向前走了两步，所以现在看起来还是一条直线。

人们在生活和工作中，往往会因信息的不对称或者信息收集的途径不同，而对一些人或一些事产生误解或者曲解。这些错误信息被传递的时候，就会产生一系列的不良反应，比如不信任、埋怨等，到最后甚至造成较坏的影响和结果。尤其是管理者或者长辈，一旦对员工或者晚辈产生了误解或者不满的情绪，很可能会动用自己的权力和威力，让员工或晚辈有苦说不出，满腹委屈和心酸。

为了避免误解和伤害，我们在倾听他人说话的时候，应给对方足够的时间去表达自己的观点。只有完整地听完对方的话，才能准确地理解对方所要表达的意思，减少一些不必要的误解和伤害。

知识链接：不得不打断对方的说话技巧

虽然我们强调，打断别人讲话是一种不礼貌的行为，但是也有例外。若对方一直滔滔不绝地讲话，而且讲的并不是你感兴趣的话题，或者对方和另一个人交谈，我们又有非常重要的事情要和他沟通，我们只能打断对方的讲话。这时，就要注意一些技巧了，不但要考虑好打断对方的时机，而且要照顾对方的感受，避免让双方的谈话变得不愉快。

对于正在交谈的双方来说，如果不同意对方的观点，先别急着打断对方。如果双方比较熟悉，或者问题特别重要，可以先表一下态度，等对方说完后再详细阐述。

若是想打断其他两人或多人的交谈，则分两种情况：

（1）征得对方同意后再交谈

如果仅仅是对他人交谈的话题感兴趣，那么不妨找个合适的空当，礼貌地询问："对不起，我可以加入你们的谈话吗？"或者大大方方地打招呼，让熟悉的人互相介绍一下，避免出现生疏的感觉。

（2）开口前先给一些暗示

假如你急着找的人正在与别人交谈，而你又有重要的事情和他说，那么不妨给他一些小小的暗示，在通常情况下，他会趁机和你聊上几句。但是切记不可悄无声息地站在他们身边，像要偷听他们讲话似的，这是非常不礼貌的。你可以先向他们打个招呼："不好意思，打断你们一下。"当他们停止交谈后，你可以用简洁精确的语言说明来意，一旦处理好自己的事情，立刻离开。

解读口头禅，在沟通中见招拆招

情境导入

在日常生活中，一些口头禅时常“灌进”我们的耳朵，比如“棒极了”“不错哦”“看我的”“真没劲”“郁闷”“有没有搞错”……有的口头禅表现得比较直白、自傲，有的口头禅则委婉、谦虚；有的让人听起来精神振奋，有的则相对比较消极。那么，挂在嘴边的口头禅到底反映了人们什么样的心理呢？在沟通中我们如何通过一个人的口头禅来了解对方的心理，进而见招拆招呢？

专业解析

口头禅十分常见，它是人类在长期生活中潜移默化形成的，已经成为人们语言中不可或缺的一部分。

从概念上说，口头禅是人的内心对事物的一种看法，它是外界信息经过内心的加工形成的一种固定的语言反应模式，以至于类似的情形再次出现时，这些话就会脱口而出。

作为一种下意识的表现，在沟通中，口头禅可以帮助我们了解对方，这是因为口头禅不仅能体现说话者的情绪，还体现了说话者当时的心态，更反映了这个人的性格。沟通高手往往能通过一个人的口头禅来解读对方的性格和心理，从而达到有效沟通。

销售员李平去拜访一位客户，希望能说服对方购买一批新型的办公设备。见面后，李平首先做了自我介绍，然后就围绕办公设备展开了交谈。

在交谈过程中，李平发现这个客户常常说一个口头禅——“听朋友说”。比如：“听朋友说现在耗材都在降价，为什么你们的产品却还是这么贵？”“听朋友说有一批新型的办公设备即将上市，你们的这款设备是不是已经落伍了？”

从客户的口头禅中，李平察觉到这个客户对市场行情十分了解，但是在决策方面还是有些犹豫，很容易受到外界的影响。于是，他就对这个客户说：“我们的设备之所以贵，是因为我们使用了最先进的技术和材料，有些技术我们还申请了专利。即使有新产品出现，也无法超越我们的产品。”

听到这里，这个客户明显地迟疑了一下，但还是没有立刻做出购买的决定。

见此，李平接着说：“这种设备确实价格昂贵，但是我们也不会只做一锤子买卖，售后服务方面您尽管放心。我觉得这种设备确实有很大的用途，要不明天我给您送来一台，您先试用一下？”

这次客户好像有些动摇，但是依然没有签订购买合同。

李平这时提出了一个诱人的条件："这样吧，为了显示我的诚意，给您打个九折，您看怎么样？"

这次，客户毫不犹豫地说："好吧！就这样定了。"

在这个案例中，客户不经意说出的口头禅成了销售员李平了解其想法的绝佳切入点，并以此为突破口，成功地突破客户的心理防线，达到了销售的目的。李平的成功推销其实在很大程度上归功于他的善于倾听。

一般而言，每个人或多或少都会说出一些口头禅，这些口头禅反映了他的性格和心理。比如，喜欢说"可能是吧""或许是吧""大概是吧"的人，自我防卫意识较强，不会完全把自己内心的想法暴露出来。再比如，经常说"但是""然而"的人，喜欢为自己找借口，以为自己开脱。在与人沟通的过程中，只要稍加留意，就不难从中解读出对方的想法。

知识链接：应尽量避免的三类口头禅

我们在生活中听到的口头禅有很多。常说"我可以"等积极的口头禅可以催人奋进，并能增添个人魅力，但是"郁闷"等带有消极意味的口头禅容易使人情绪低落，这只会让自己成为众人远离的对象。所以，我们在与人沟通时，应尽量避免消极的口头禅。一般来说，以下三类口头禅是我们要极力避免的。

1. 否定自我的话

“我不行”“我做不到”“我害怕”等贬低自我的口头禅，会让你过分在意自己的弱点和缺点，结果连自己的优点都打了折扣。长此以往，很容易陷入自我挫败的恶性循环。

2. 对外界环境有偏见的话

在生活中，我们不时会听到有人说“一代不如一代”“人心隔肚皮”这样的口头禅。它们往往夸大了事物的阴暗面，成为一种消极的思维定式，导致人们在做事时容易犯以偏概全、非黑即白的认知错误，进而做出错误的判断和行为。

3. 过多地宣泄负面情绪的话

有的人常把“郁闷”“烦死了”挂在嘴边，这样不仅会使自己情绪低落，还会让他人感到压抑。所以，在与人沟通的时候，不经意地说出这些口头禅后，最好说出自己的愿望并寻求解决的办法。

听话听音，要听懂对方的言外之意

情境导入

在生活中，许多男孩抱怨看不透女朋友的想法。比如，女孩说“不想理你了”，男孩就远离她的视线，结果第二天去找女孩时，女孩十分生气；再比如，男孩和别的女孩偶尔有肢体的接触，女孩看见了，男孩解释说只是不小心碰到了，女孩说“我才不介意呢”，但女孩还是很生气，对男孩很冷漠。

男孩很苦恼，不知道这到底是怎么回事。

专业解析

男孩苦恼的原因主要是他没有听懂女朋友的言外之意。有时候同样的话，却表达出不同的意思。一些女孩在表达自己的想法的时候总是比较含蓄，有时候甚至正话反说，只有学会察言观色，多观察女孩的肢体语言，才能了解女孩的所思所想，读懂她的言外之意。比如：女孩说“不想理你了”，其实是希望男孩留下；女孩说自己“不介意”，其实是非常介意。

俗话说："会说的不如会听的。"在人际沟通中，不仅要学会倾听，还要善于听出对方的弦外之音。只要稍加留意，就不难理解说话者的真实想法。

有一天，一个人乘出租车到外地。由于大路上发生事故，司机只好改走小路。小路蜿蜒曲折，司机不认识路，只好停下车向路旁的一位老先生问路。

老先生气定神闲，慢悠悠地说："有路就可以走，多问几次就能到。"

这两句话让人摸不着头脑，可是司机向老先生表示了感谢，信心十足地向前驶去。

这个人不解，就问司机是怎么知道行车路线的。

司机解释道，如果他们走错了，老先生就会把手一扬，指出正确的方向，老先生没有这么做就说明自己走的路线是对的；而老先生说"有路就可以走"，就是让他顺着这条路走下去；老先生说"多问几次就能到"，意思是后面会有几个岔路口，到时候一定要问路，否则可能走错路。

在这个案例中，老先生短短的两句话，却包含了复杂的意思。在生活中同样如此，有的人向来言简意赅，更何况有些话不便直说，这就要求我们有足够的敏感度和悟性，善于从对方的话语中听出所隐含的真实含义。有时候，一个眼色、一个表情、一个动作都能在特定的语境中表达明确的意思。

有一个颇为成功的沟通高手，他总结自己成功的经验，就是在与人谈业务的时候，不仅要细心地倾听对方已经说出的话，还要听出对方没有说出的心里话。

比如，当他说出一套房子的价格的时候，顾客说："哪怕广厦万间，也没有什么了不起。"他注意到顾客在说这句话的时候，声音有点犹豫，笑容也有些勉强，他便知道顾客想要买的房子和所能买得起的显然有一定的差距。

于是，这个沟通高手就练达地说："在你做出决定之前，不妨多看几栋房子。"结果当然是皆大欢喜，买主买到了满意的房子，生意成交。

由此可见，听懂对方的话外之意有多么重要。所以，我们在与人沟通的时候，不仅要听懂对方话语的表面意思，还要听出他的言外之意。

知识链接："听话听音"的技巧

俗话说："听话听音，锣鼓听声。"这里的"音"指的就是弦外之音。这就是说，我们在沟通的时候，不仅要听懂对方话语的表面意思，更要听出对方的话外之意。那么我们怎么做，才能听出对方的话外音，明白对方的真实意图呢？

1. 注意一些核心字眼

人们在说一些言不由衷的话的时候，常常会说出"坦白说”“说真的”“老实说”等字眼，这其实表明他所说的并非像自己声称的那么坦白，那么真诚。还有一些字眼，如“难道我会骗你吗”“毫无疑问”“我是真的……”“对吧”等，爱说这些字眼的人其实是在下意识地通过它们引出真实的内容。

2. 留意对方的语气或者动作

当对方说话的语气发生变化或者出现了一些小动作，这时我们就要留意对方的话外之意了。比如，平时说话慢条斯理的人，如果突然加快说话速度或者出现说话结巴的现象，我们就要留意对方的话。另外，如果对方在说话时出现逃避眼神接触、下意识地掩嘴、遮住脸上某个或者某些部位、不断地变换姿势、敲手指等不经意的动作时，我们就应该仔细地琢磨对方的话。

言为心声，善听者要听出门道

情境导入

开会在生活中很常见。在开会时，每个人都会有不同的表现。有的人发言简短扼要，有的人长篇大论，有的人沉默不语，有的人发言很活跃，这些分别代表了什么样的心理？在开会时，什么样的沟通方式是最佳的沟通方式呢？

专业解析

言谈是一个人内在思维的外在表现，它能集中地反映一个人的性格特征、心理特点、思维方式和行为模式等。所以，从言谈中了解一个人是沟通中一项重要的能力。

要想了解一个人，最直接的方式往往是让对方剖析自己的个性，但是这是一件极不容易做到的事情。许多人善于隐藏自己的情绪和性格，有时即使说出真心话，也未必可信，因为最了解自己的人可能并不是自己。

有心理学家研究发现，一个人的说话方式正反映了其内心的深层感受。这就说明，通过一个人的说话方式来判断这个人，可能更为真实可信。

1. 说话习惯

每个人的说话习惯都不相同，不过有人通过统计归纳发现，一个人的说话习惯和他的行为模式有着直接的关联。因此，把这种关联作为沟通中识人的基础，相对来说更为可靠。

比如，在与人聊天时，有的人喜欢把“我”挂在嘴边，这种人通常比较幼稚、软弱。据心理学家研究发现，在谈话中频繁使用“我”字的人，具有很强的表现欲，总是不时强调自我，唯恐别人忽略了自己。

再比如，有的人一开口就喜欢引经据典，不分场合，不看谈话对象和主题，名人名言张口就来，这其实是缺乏自信的表现，往往通过借助他人之名来壮大自己的声势。

2. 谈话话题

俗话说：“三句话不离本行。”一个人的所思所想往往不能脱离他的生活经验，所以根据一个人谈话的话题，我们也可以了解这个人的性格和心理。

在生活中，我们会发现，有的人喜欢八卦，总爱谈论别人的私事，对他人的隐私追根究底，其实这些人大多属于支配型的人。他们往往缺乏知心朋友，内心空虚、孤独，且不甘寂寞。

还有一些人见人就爱发牢骚，他们大多内心压抑，属于否定型性格。牢骚是压抑心理的一种反映，从一个人的牢骚中，我们往往能发现他的诉求。

此外，常常抱怨薪水太低的人，很有可能是不喜欢这份工作，通过抱怨薪水低来发泄内心的不满；爱贬低管理者的人，大都具有出人头地的欲望，却不易实现目标；等等。

3. 说话韵律

在交谈方式中，除了音感和音调之外，语言本身的韵律也是看懂一个人的关键。

一般来说，自信的人讲话常常用肯定的语气，而缺乏自信或者性格软弱的人讲话的韵律则显得慢吞吞；发言冗长的人内心常常潜藏着被打断话题的不安；说话节奏缓慢的人，大多性格沉稳。

而一个成功的沟通者，往往在控制言谈韵律方面有着独到之处。他们总是在该停顿的时候停顿，该详细阐述的时候滔滔不绝，该简明扼要的时候一笔带过。这种细节性的处理方式，总能赢得他人的认可和尊重。

知识链接：在说话之前清喉咙的学问

有的人在讲话之前清喉咙，这当中其实大有学问。

1. 一开始就清喉咙

在正式场合发言或者演讲的时候，有的人在一开始就清喉咙，这表明他可能正处于紧张不安的心理状态。

2. 讲话过程中清喉咙，并变换声调

在讲话过程中时不时地清喉咙，并变换声调，这种人多半带有焦虑情绪。

3. 清喉咙并伴随迟疑的表情

有的人在清喉咙时伴随迟疑的表情，这表明他对某一问题难以做出抉择，需要再考虑一下。一般出现这种行为的男人比女人要多，成人比儿童要多。

4. 清喉咙并伴有严厉之色

有的人在清喉咙时面带严厉之色，这时清喉咙就具有警告的意味，表达着对某人的不满，言外之意为“如果你再这样，我就不客气了”。

第六章
了解日常行为习惯，知“彼心”沟通更顺畅

有时候，从日常行为习惯中我们能看出一个人的性格和心理，因为习惯性动作是一个人下意识的反应。在与人沟通时，我们应善于观察对方的习惯性动作，尴尬的沟通局面很可能因为读懂对方的习惯性动作而被打破。

习惯性动作反映个人性格

情境导入

许多人在公众场合都会习惯性地摆出同一个姿势：抬头挺胸，下巴微微上扬，双手紧握着背在身后。不仅如此，巡逻的警察、在学校操场上巡视的老师通常都会出现这一习惯性动作。

为什么这些人会做出相似的习惯性动作？这种动作代表了什么样的性格和心理？

专业解析

俗话说：“窥一斑而知全豹。”在生活中，一个人的习惯性动作常常带有浓厚的个人色彩，这对我们识人知人及客观评价一个人具有重要的参考价值。心理学家莱恩说过这样一句话：“人们日常做出的各种习惯行为实际反映了客观情况与他们的性格间的一种特殊的对应变化关系。”

这就是说，通过观察一个人的习惯性动作，我们能够了解一个人大致的性格特征和心理状态。习惯性动作是人们在日常生活中一天一天逐渐形成的，有着极强的稳定性，忽然改变的可能性很小，所以这也为我们通过这些动作进一步了解他人提供了依据。

实际上，一个人的所思所想和性格特征会在自己的举手投足、一颦一笑中展露无遗，那些经验丰富的识人高手总能从中看出端倪，从而识别人心。小节开头所写的那几类人习惯把双手背在身后，这是一种相当自信的姿势，能给人一种权威、威严的感觉。此外，摆出这种姿势的人下意识地把自己脆弱、易受攻击的身体部位，如胃部、心脏、髋部以及咽喉等，暴露在外，也反映了此人无所畏惧的胆量和勇气。

除此以外，还有许多常见的习惯性动作，可以帮助我们观察他人，并轻松地了解他人的心理。

1. 手插裤兜

在与他人站着交谈时，我们会发现，有的人喜欢把双手插在裤兜里，还时不时拿出来，插进去。这种习惯性动作体现了这些人的性格：谨小慎微，凡事喜欢三思而后行。他们的心理承受能力较差，会因突如其来的失败或打击而变得垂头丧气、怨天尤人。

2. 言行不一

有的人总是言行不一致，比如，当你给某人递烟或者一些食物的时候，他虽然嘴上说着“不用”“不要”，可是手却诚实地伸过来了。这类人通常比较聪明，爱好广泛，为人处世比较圆滑、老练，不会轻易得罪人。

3. 拍打头部

这类动作分为三种。一是拍打头部。在交谈时，对方突然拍打头部，表明他对某件事情恍然大悟，有了新的认识。如果在此之前他陷入了困扰，此时则已经走出了迷雾，并找到了处理事情的方法。二是拍打后脑勺。出现这种动作，表明此人比较敬业，拍打脑部只是为了放松。三是拍打前额。这类人通常是直性子，有话直说，不怕得罪人。

4. 解开外衣纽扣

这种人通常真诚友善，这种性格在陌生人面前最直接的表现就是解开外衣的纽扣，甚至脱去外衣。在商业谈判中，如果谈判对手出现脱掉外衣这一动作，就表明双方所谈论的某种协议有达成的可能。这是因为不管气温有多高，当一个谈判对象感觉问题尚未解决、协议尚未达成时，都不可能做出脱掉外衣这一动作。

知识链接：几种不良习惯性动作

一些不良的习惯性动作会暴露一个人的粗俗无礼，我们在日常生活中，要有意识地摒弃。

1. 四指握拳，伸出食指

我们在与人沟通中，有时会做出指向别人的动作，尤其是发怒的时候。心理学认为，当人们握手成拳，只伸出食指的时候，食指仿佛凝聚了整个手掌的全部力量。而被指的一方也会感受到这种迫使人妥协的力量，从而在潜意识中对对方产生一种负面的印象。

2. 双手交叉抱于胸前

这种动作传递了一种傲慢、抗拒的信息，同时也降低了自身的可信度。当你做出这一动作时，就好比在自己和他人中间筑起了一道墙。如果在和客户交谈的时候做出这一动作，那么合作成功的概率将会大大降低。

3. 摆弄手指和做出不雅动作

有的人喜欢反复地摆弄自己的手指，或者活动指关节，这往往给别人一种你此时很无聊的感觉。尤其是在和人交谈时，摆弄手指给人一种漫不经心、不尊重对方的感觉。此外，一些不雅动作，如挠头、掏耳朵、抠鼻子、咬指甲等，也不应该出现在与他人交谈的过程中。

就餐礼仪让性格展露无遗

情境导入

日本著名心理学家涩谷昌三经过多年研究发现，一个人在吃饭这个本能行为中的种种不经意的表现可以反映他深层次的心理。这就是说，只要我们观察得足够细心、足够仔细，用一顿饭的时间就能大概了解一同进餐的人的性格特点了。

那么，在与老板、合作对象或者相亲对象一同进餐时，我们该怎么通过对方的言行来了解其性格呢?

专业解析

在我国的礼仪中，“站有站相，坐有坐相”是对一个人行为举止最基本的要求。其实，吃也是要注意吃相的。有道是：“吃相如人相。”作为餐桌礼仪，吃相可以体现出一个人的教养和素质，也能反映出他为人处世的态度。

1. 从找座位方式看性格

不同的人，在找座位这一动作上表现差异很大。不同的找座位的方式，反映了不同的性格和心理。一般来说，通常有以下几种：

（1）带领大家就座。大家一起去餐厅吃饭的时候，总是有人会带头找座位。他环顾四周后找到空位，就说：“坐那里吧！”这种人具有很强的判断力和决断能力，并且极具自信，会直接表达内心的想法，但有时也会因过于独断专行而引人不满。

（2）带领大家就座，来到餐厅后却发现座位不够，只好四处寻找座位。有这种行为习惯的人判断力欠佳，时常会做出错误判断，不过这样的小失误反而凸显其个人魅力。他常常乐于配合他人，这种朴实的性格非常受欢迎。

（3）总是喜欢跟在大家后面。这种行为习惯反映出此类人的性格可能是凡事不会积极主动、依赖心强、需要别人照顾，也可能是愿意配合周围的人、不拘小节、大方随和。

（4）直接问店员是否还有空位。虽然做事以合理化的方式向前推进，但是会只考虑眼前结果（所有人都就位），忽视他人的喜好与气氛等因素。所以，这类人也有不考虑他人意见与想法的一面。

2. 从点菜方式看决断力

我们在与他人一起吃饭时，常常会发现，有的人会很快地决定自己要吃什么、喝什么，有的人总是犹豫不决，很长时间都不能下定决心，还有一些人总是说：“我和他一样”“我也要点……”其实，这些点餐方式常常能暴露一个人的性格特点。

（1）点菜速战速决。点菜速度很快的人性子急，凡事求快，不想落后于人，有很强的竞争意识，所以有领导者特质，但是也可能有独断、想法太过天真、缺乏深思熟虑的一面。

（2）犹豫不决，迟迟不能下决定。这样的人常常过于在意他人的看法，从而失去决断力。

（3）点餐和他人一样。这样的人往往没有主见，总是左思右想，不能下定决心，缺乏自信，倾向于和他人步调一致，行动不积极。

知识链接：从进餐方式探知他人的性格

根据一个人的就餐习惯，我们可以大致看出其性格特点，这样沟通就能有的放矢，从而变得更容易。

1. 进餐时注重整洁

在和某人一起进餐时，如果你发现他十分注重餐具的清洁，即使有少许饭菜掉在桌子上，他也会赶紧擦干净，吃完后还会将用过的盘碟叠起来放整齐，这说明他是一个做事有条理的人，喜欢照计划行事，还会欣赏和认同别人的努力。

2. 边吃边唠叨不停

有的人喜欢边吃边聊，甚至因为急于和别人交谈而来不及把食物咀嚼吞下。这类人往往性情急躁，不喜欢拖延，做事雷厉风行，给人一种咄咄逼人的感觉。如果你的领导是这类人，那你做事一定要快，这样才能得到他的赏识。

3. 进食时风卷残云

这类人个性豪放，精力旺盛，行事果断，待人真诚，具有很强的竞争意识和进取精神。如果他是你的生意伙伴，合作起来一定会很愉快。

4. 食量很大，进食不节制

这类人对喜欢的美食来者不拒，是个十足的“吃货”。他们通常性格直爽，喜怒形于色，从不掩饰内心的情绪。如果你的生意伙伴是这样的人，懂美食能够有利于你做成生意。

看开车方式，了解对方的个性

情境导入

不同的人有不同的开车习惯：有的人严格遵守交通规则，开车不做任何不相干的事；有的人开车平稳，顺着车流行进，有情况会早早刹车。

这些开车习惯分别反映了这些人的什么心理？我们在沟通时需要依此注意些什么？

专业解析

一个人的开车方式往往能透露出其性格特点。不论是开车速度还是行车习惯，都能或多或少地体现出其个性。这是因为，一个人控制汽车的方式和控制自己身体的方式有很多相似之处。如果把车视作一个人身体的延伸，那么其开车的方式和习惯就是其身体语言的机械化身，能够反映他的性格和心理。

因此，我们在人际沟通中，可以通过一个人的开车方式来判断他的性格特点，从而有针对性地与对方进行沟通。比如从一个人的开车速度和一个人的开车习惯就能判断出他的性格。

1. 开车速度

一个人的性格在其开车速度方面会有所反映。这主要表现在以下几个方面：

（1）按规定速度开车。如果你发现谈话对象在开车时习惯以规定速度开车，这表明他比较传统和保守，为人处事常常抱着一种中庸的态度，从不轻易冒险。他在日常生活和工作中往往诚实可信，做事认真负责，所以常常会建立良好的人际关系。

（2）行车速度小于规定速度。如果你发现交谈对象开车时总是小心翼翼，行车速度缓慢，这表明他性格中最大的特点就是不够自信，他自己可能也为此深感苦恼。他觉得无法掌控一切，所以尽量避免把东西放在自己手中，即使有人授权，也会设法把权限缩至最小。

2. 开车习惯

与开车速度一样，从开车习惯也可以看出一个人的性格特点，并能看出他此时的情绪和心理状态。

（1）开车不换挡。如果对方有这种开车习惯，那么最大的一种可能是他喜欢按照自己的方式做事，热衷于探索一条属于自己的道路，即使在这个过程中可能要面对更多的困难，他也毫不在乎。他总是喜欢凭直觉做事，从不轻易向他人请教，有时反而会给他人一些指教。他通常具有责任心，做事总是尽职尽责。

（2）绿灯一亮，就往前冲。如果对方有这种开车习惯，说明他头脑灵活，反应快捷，随机应变的能力较强。他习惯于凡事快人一步，这在一定程度上为他获得成功创造了很多机会。他其实相当渴望成功，有较强的竞争意识，生活态度也比较积极，但是往往由于经验不足，处处碰壁。

（3）绿灯亮后，缓缓发动车辆行进。如果你发现对方总是在绿灯亮了好久后才缓缓发动车辆行进，这表明他的性格沉稳、冷静，为人处事比较小心、谨慎，总是有了一定的把握之后才行动。为了保护自己，他懂得收敛自己，很少锋芒外露，这样也就避免了被人拒绝或者被伤害。

知识链接：从车型的喜好看性格

车是现代人重要的交通工具之一，它能让人们快速地到达某一地点。而车型的选择，不仅能反映出车主的经济实力，还能反映对方的格调，以及其性格特征。

1. 喜欢吉普车

吉普车与普通的轿车相比，底盘高很多，拥有更加卓越的越野性能，能够充当开路的先锋。和吉普车一样，喜欢吉普车的人很多也具有吃苦耐劳的特质。

2. 喜欢敞篷车

敞篷车视野开阔，能够给人一种自由、放飞的感觉。这类人不想与世隔绝，喜欢敞篷车所带来的逍遥自在的感觉。

3. 喜欢双开门或四开门车型

喜欢双开门车型的人，总是喜欢掌控别人，而且常常不顾他人的感受。而喜欢四开门车型的人常常懂得尊重他人，他给每个人一个出口，表示尊重他人选择的权利，尊重对方的决定。

根据笔迹识性格，让沟通有的放矢

情境导入

常言道："字如其人。"实际上，警察在破案时，比对字迹常常是一道重要的程序，其结果为破案提供了重要的参考价值。那么，一个人的字迹藏着怎样的秘密？我们如何通过一个人的字迹来了解他的性格和心理呢？

专业解析

随着手机和电脑的普及，人们写字的机会越来越少了。实际上，字迹常常能从侧面反映出一个人的心情和性格。

现在有一种专业技术叫作"笔迹鉴定"。每个人的笔迹都是独一无二的，通过对一个人字迹的笔力、文字大小、笔形等进行分析，我们可以大体解读出书写者的心情和性格倾向。

在法国的大学里，有一门有趣的课程，叫作"笔迹心理学"。它属于应用心理学的一种，主要研究内容是：通过对一个人的笔迹进行分析和研究，来探知他的内心世界，进而推测出他的性格、心理状态和个人能力等。

美国心理学家艾维认为：“手写实际是大脑在写，从笔尖流出的实际是人的潜意识。复杂多样的书写动作，是人的心理品质的外部行为表现。”奥地利著名心理学家弗洛伊德指出，人的大部分行为都是由潜意识决定的。人在书写时的动作，并不是杂乱无章的，而是有其自身的潜在规律。在无数次的重复书写中，慢慢地形成了某些无意识的动作，而且人们还往往不能控制这些动作。如果一个人的书写方式和笔迹线条忽然发生了变化，大多是因为他的心理状态发生了改变。

美国一家汽车公司连续发生了数起汽车发动机部件被盗的案件。经粗略计算，给公司造成的经济损失达一百万美元。种种迹象表明，这些案件是公司内部人员所为。

于是，公司高层邀请美国国际笔迹学会咨询处主任安德烈·麦克尼克拉协助调查。安德烈先让公司里的所有员工都写一份与被盗案有关的材料，然后对这些材料进行笔迹分析，分析最后把疑点锁定在公司的一位副经理身上。因为从这位副经理的字迹可以看出，他在书写这份书面材料的过程中，明显心神不宁，还有故意伪装笔迹的迹象。

因此，这位副经理受到了跟踪和监视。没过多久，他就在交易赃物时被当场抓获。

类似的案例还有很多。虽然在生活中我们无法像那些专业技术人员那样进行笔迹分析和判断，但是我们可以通过一个人的笔迹来大致了解他的性格特征和心理状态。

知识链接：米雄的笔迹分析法

法国人米雄是笔迹分析学的奠基人之一，他提出了一种通过笔迹分析来判断性格的方法。这种方法主要是通过笔力（笔力，指的是写字时的用力程度）、文字大小和字形三个要素对一个人的字迹进行分析，从而判断他的性格。

1. 笔力

比如：笔力较强的人通常做事比较认真；笔力较弱的人大多性格开朗，有着较强的社交能力，但缺点是容易感情用事。

2. 文字大小

比如：字体较大的人常常比较积极，充满自信；而字体较小的人，则显得过分谨慎，比较在意细节。

3. 字形

比如：写字一笔一画、棱角分明的人，做人做事循规蹈矩、一丝不苟；而写字圆润的人往往比较幽默，而且常常表现出感性的一面。

从办公室物品的摆放，看对方的性格

情境导入

走进一个办公室，你会发现，几乎每个人的办公桌上都是一道风景：有的办公桌上只放与工作有关的东西；有的摆放着各种各样的物品；有的桌面整洁，擦得一尘不染；有的物品摆放得乱七八糟……

这些物品摆放反映了人们的什么心理或者性格呢？通过观察一个人的办公桌上的物品摆放，我们能看出什么呢？

专业解析

办公室是我们每天至少要待八个小时的地方，所以办公桌对每一个职场人士都显得非常重要。通过观察一个人在办公桌上摆放的物品，我们往往能推断出桌子的主人有着怎样的性格。

行为心理学家唐娜·道森博士表示：人们常常会不知不觉地以办公桌透露的蛛丝马迹为依据，来判断一个人的性格、工作状态，甚至是否适合某个岗位。因此，“应该像爱护皮肤一样对待办公桌，利用办公桌帮你传达信息”。

通常来说，我们可以通过办公室物品摆放的不同，把职场人士划分为以下几类：

1. 时尚达人

如果一个人的办公桌上放着最时尚、最潮的小物件，旁边贴着各种星级餐厅的攻略指南，说明他很可能是一个社交达人，同时是一个时尚潮人。

2. 囤积癖者

这类人的办公桌上的物品摆放，用几个字形容，就是脏、乱、差。桌上留着喝了一半的咖啡，还有吃了几口的点心，还有其他一些乱七八糟的东西，桌面拥挤得完全腾不出空间。这样的物品摆放反映在主人的性格和行为上，就是做事毫无头绪，但是内心充满了童真童趣，总是能用其他同事想不到的方式来取乐。

3. 理工技术男

如果一个人的办公桌上总少不了一个咖啡杯和一个记录工作事项的笔记本，墙上挂着元素周期表或者达尔文、特拉斯等名人画像，那么这绝对是一个理工技术男。他理性至上，讲起话来总是有理有据，多数奋战在金融、IT领域。

4. 设计小能手

这类人的办公桌上摆放着各种画具，而且少不了手绘板和人字支架，墙上还贴了自己最近的作品，充满浓郁的艺术家气息，他们往往是话不多的设计师或者插画师。

5. 生活达人

这类人的办公桌常常井井有条，充满了浓郁的生活气息，必不可少的一个物品就是绿植盆栽，桌上摆放着钟表，办公桌显得简单又温馨。办公桌上这样摆放的人通常为女职员，她们生活有规律，热爱健身，所以身材保持得很不错。她们内心丰富细腻，每天生活得平淡、充实。

知识链接：从办公桌物品摆放看工作态度

从一个人对办公用品的态度和使用方式，我们可以大致看出他的工作态度、行事方式和当时他的情绪、心理状态。一般来说，可以分为以下几种：

1. 不爱收拾办公桌

这类人的办公桌总是乱成一团糟，他们通常粗枝大叶、很毛躁，又不善于整理，所以我们经常可以看到他从堆积成山的文件中寻找东西。这样其实会浪费很多时间，导致其办事效率非常低。实际上，他们在工作中确实时常犯错、出乱子。

2. 办公桌面整理得井井有条

这类人通常是完美主义者，他们个性严谨，办事讲求效率，既有计划又守时，所以在工作中很少出差错。他们有些顽固，但是总是能坚持原则，所以能把工作做得踏实到位。

3. 桌面摆满私人物品

这类人领地意识比较强，他们常常把办公桌当成自己的领地，不允许别人随意触碰。他们想问题和办事情常常以自我为中心。不过，这类人通过在办公桌上摆放私人物品，试图营造一个自己喜欢的空间，在这样舒适和放松的空间里工作，他们工作时的出错率往往很低。而且，如果公司管理者能够把握这类人的性格，让他们做能发挥自己优势的工作，往往可以收到意想不到的效果。

第七章
巧用策略，在沟通中才能掌控全局

男女约会时，为什么会选一个浪漫的、有情调的环境？当顾客上门投诉时，为什么被投诉方通常会先请对方坐下，喝一杯茶，再处理问题？在聚餐时，座位是怎么安排的？这些问题都与沟通时的氛围有关。创造一个让双方心情愉悦的谈话氛围，更有利于沟通的顺利进行。

根据对方的心情，选准沟通的有利时机

情境导入

如果你想和意中人来一次浪漫的约会，你会选择在什么样的情况下发出约会邀请呢？你最倾向于以下哪种做法呢？

a. 在聊天的时候，自然而然地说出约会的话题。

b. 在对方有空的时候提出邀约。

c. 在对方心情好的时候提出邀约。

d. 当对方情绪消沉的时候，提出建议："我们一起去做点什么吧！"

专业解析

我们在日常沟通时，是不是经常会遇到这样的情况：在与某人沟通时，自己明明没有说激怒对方的话，可是他却莫名其妙地发火；兴致勃勃与对方聊天的时候，平时热情、开朗的他却一副冷淡的模样。

其实这两个问题都可以归结为一个原因，那就是沟通的时机不对。我们自己也深有体会：当心情好的时候，觉得这个世界上的一切都是美好的，做什么事都很有兴致，即使有什么不开心的事，也不会大动肝火，而是理智地把它处理好；当情绪悲伤、消沉或者身心疲惫的时候，一点小事就会点燃心中的怒火。

另外，当心情愉悦时，人们更容易想到一些温柔、充满善意的话语。相反，当心情悲伤、消沉的时刻，人们更容易想到一些刻薄、恶毒的话语。这种现象在心理学上被称为“心情一致效应”。

我们在日常沟通中要善于把这一效应反过来应用，即选择对方心情好的时机进行沟通，事情就会变得更简单、更顺利。

对于本节开头所提到的约会的契机，最好是选择在对方心情好的时候发出邀请，这样成功的概率会更大一点。

一般来说，沟通中把握情感的时机，应遵循两个基本原则。

1. 选准沟通的时机

在与人交往时，选择适当的时机有时比沟通的内容还要重要。时机选择对了，就会使沟通更顺畅。相反，如果选错沟通的时机，双方都会无比尴尬，甚至起到相反的作用。

美国前总统威尔逊在担任州长时，有一天接到电话，得知一个噩耗：他的好友，同时也是该州的一名州议员意外地去世了。威尔逊陷入了深深的悲痛之中，正在这时，该州一名政客的电话打了进来。该政客表示自己也听到了那个消息，并结结巴巴地提出了一个要求——想接替那名议员的职位。“好啊，”威尔逊对此人不顾死者尊严的做法感到极不舒服，他强压心中的怒火，说，“我是完全没有意见的，如果殡仪馆也同意的话。”

那名政客就是因为提要求的时机不对，才让自己陷入无比尴尬的境地。因此，在与人交流过程中，时机的选择很有讲究。

日本著名的职场顾问桑原晃弥指出，沟通时机的选择十分重要，并提出了一个重要的理论，那就是要把握三个重要的时机，即：祝福要当场传达；道歉要在事发当天；提交，要早于承诺。这样，才能在沟通中处于主动地位。

2. 选择最适合的气氛

选择沟通气氛十分重要。一般来说，在和谐、融洽的气氛中，双方更愿意进行沟通，更容易敞开心扉，对对方所提的要求或者条件更容易接受，所以，特殊的气氛能够带来独特的沟通效果。比如，酒桌文化盛行就是因为在酒足饭饱之时，气氛最融洽，彼此之间感觉最亲切，这时谈事情就容易成功。

知识链接：安排沟通时间的小技巧

恰当地掌握沟通的时间对于沟通的效果有着十分重要的影响。那么，我们在日常交际的沟通活动中该怎样安排好沟通时间呢？

1. 提前预约

如果想和对方进行一次交谈，最好提前约好见面的时间。否则，贸然登门可能会给对方带来诸多不便，甚至使对方感到不愉快。约好时间以后，最好准时到达，不要迟到。

2. 掌握最佳沟通时间

与人交往，见面后的问候和寒暄是必不可少的，但是不宜太多，应及时地转入正题，在沟通时一定要掌握好这个度。这是因为，在一定的时间范围内，可以保持头脑清晰，注意力集中，反应快，沟通效率高；但如果超出了一定的时间范围，就会感觉筋疲力尽，沟通效率下降。

3. 及时结束谈话

如果对方想告辞，应该立即结束谈话，而不要为了显示热情拼命挽留对方。否则，即使对方因为不好意思而勉强留下来，接下来的谈话也没有什么实质性的意义。

4. 同时与多人进行沟通，浓缩交往活动

有时，为了高效地利用交往时间，可以把具有相同交往目的、相同沟通内容的沟通对象聚在一起。这样不仅节约了沟通的时间，还能使气氛活跃、话题广泛。不过，这样的沟通要提前做好准备，以免到时手忙脚乱，顾此失彼，招待不周。

选择轻松愉悦的环境，让双方沟通更轻松

情境导入

如果你想邀请几位男士一起对谈，为了尽可能地减少他们之间的冲突和对立，让大家获得一个愉快的交谈氛围，你会选择以下哪个场所呢？

a. 开阔的正方形房间

b. 圆形的房间

c. 细长的房间

d. 狭小的房间

专业解析

与动物有自己的领地一样，人类也有自己的领地，其中就包括个人空间。个人空间投射到人际关系上，则表现为两个人之间的距离。一般来说，两个关系非常亲密的人可以近距离地交谈；但是如果是初次见面的人，彼此靠得太近，就会给对方带来不适感，因为过分接近会侵犯对方的个人空间。

如果我们走在狭小道路或者穿越拥挤的人群时，不可避免地与他人有身体接触，每个人都会采取一定的措施来减少和他人产生身体的接触。这时，人与人之间的距离几乎为零，彼此都成为侵入对方个人空间的最大“敌人”。

一般来说，选择交谈场所的时候，要根据会谈的内容和目的而定，合适的场所能给交谈带来更好的结果最重要的一点是不随意侵犯对方的个人空间。

比如，说悄悄话、吐露心声的时候，应选择狭小的私密场所。但是在和客户谈判，想要说服对方的情况下，最好还是选择开阔的场所。这是因为比起狭小的空间，宽敞的地方更能让人感觉心情舒畅。选择的场所不同，即使和相同的人交谈，沟通结果也会有很大的不同。

在生活中，我们会发现，商务人士进行谈判的时候，常常离不开宴会。有时候，气氛即使因遇见难缠的对手而变得剑拔弩张，也会在享用美食的过程中变得和缓。这是为什么呢?

1. 美食能使人变得快乐

每个人都有追求快乐、避免不快的心理倾向，这就是心理学上的快感原则。弗洛伊德认为，快感原则是支配人类心理活动的一个重要原则。受此影响，人们在享用美食的过程中，心情会变得十分愉悦，就算是不认可的事情，也会做出一些让步。

2. 美食能增强对方的好感

研究表明，人对睡眠的需求、食欲等被满足之后所带来的愉悦体验会增加对对方的好感。据此，在请对方享用美食后，再提出种种请求，对方是很难拒绝的。

3. 回报心理在起作用

对于别人的恩惠，人们总是会想方设法去报答，因为大多数人都有一种不想欠人情的心理。在这种回报心理的作用下，被请吃饭的一方就会有一些心理负担，面对对方的请求，即使是很棘手的事情，也不会一口回绝。

知识链接：关于会面场所的注意事项

为了营造和谐、融洽的沟通氛围，在安排会面场所的时候，我们要考虑以下几个方面：

1. 是否便捷

选择商务会谈的场所时，需要考虑：会面场所是否好找，有没有标志性的建筑物？周围是否有停车场？是否有卫生间？是否有打印、复印的地方？如果这些条件都不具备，那么很可能会影响对方的心情，进而破坏沟通的氛围。

2. 是否受干扰

很多现代的开放型办公室都喜欢把会议室安排在办公活动最密集的中心地带，其实这样的安排并不合理。这是因为，会议室外工作人员来来往往，很容易对会谈的人们造成干扰，同时也不利于保护他们的隐私。

3. 是否干净整洁，一应俱全

通过观察你所选择的会面场所，对方足以看出你是不是一个负责可信的人。这一点，从会面场所的整洁程度以及所需的设备、材料、工具是否一应俱全，就能有所体现。

善用肢体接触，拉近与对方的关系

情境导入

很多时候，在社交时我们难免会与人发生肢体接触，比如，和新同事一起吃饭，对方总是喜欢说一句话就拍一下你的肩膀，这样难免令你有些尴尬。

专业解析

在生活中，对于我们感兴趣的人，我们常常会主动去搭话、寒暄；相反，对于讨厌的人，则会尽可能地避免肢体接触。这种现象体现了人与人之间的心理距离和物理距离的关系。一般来说，人的心理距离与彼此之间的物理距离成正比。这就告诉我们，如果想和某人更亲近，就要缩短彼此之间的物理距离。

研究表明，适当的、正确的肢体接触可以带来很多意想不到的好处。

1. 适当的触碰可以增加对方的亲近感

美国心理学家杰拉德为了研究物理距离和亲近感之间的关系，

曾做了一个实验。这个实验分为两种情况：一种是当被测验者就座的时候，工作人员会轻轻地触碰他的身体；另一种是当被测验者就座的时候，工作人员不得触碰他的身体。实验结果显示，被测试者对触碰自己的工作人员更有好感。

比如，在国外，如果餐厅服务员的手在顾客的手或者肩膀上有短暂的触碰，那么这位顾客可能会给这个服务员更多的小费。

再比如，在商场或者超市里，如果导购员和顾客有肢体接触，很可能会延长顾客的购物时间，使他们对商品的评价更好，购买更多的商品。

2. 适当的触碰可以让对方更愿意合作

一个最显著的例子就是医患之间的肢体接触。假如医生在开处方的时候与患者有轻微的肢体接触，那么患者就更愿意配合医生完成各种检查。研究表明，临床医生和患者之间的触碰能够潜在地激发各种有益的变化，比如：患者能够更多地向医生敞开心扉，也能更好地接纳自己，双方能够建立更加积极的医患关系，等等。

触碰在建立良好的师生关系中的作用也很明显。有研究表明，如果老师在学生背部或者手臂上带有鼓励性地触碰一下，那么学生在课堂上主动发言的可能性会增加一倍。

当然，我们这里所说的触碰是适合一定情境的。如果触摸不当或者触摸过多，很可能让对方厌恶，给自己带来麻烦。

知识链接：男女肢体接触的秘密

肢体接触是传达心意和感情的最直接的交流方式，利用肢体接触可以拉近彼此之间的距离。对于谈恋爱来说，尤其如此。需要注意的是，在接触对方，尤其是男性主动接触女性的时候，一定要清楚地了解对方的反应。这是因为，如果对方面对接触表示抗拒，效果就会适得其反。

另外，和男性相比，女性对肢体接触更敏感。对于女性来说，如果不是自己喜欢的人，就不愿和对方有肢体接触。这就意味着，一个男士下意识地与一个女士有肢体接触，假如女士看起来很抗拒，那么就说明她对这个男士没有好感；如果这个女士不仅没有抵触情绪，还表现出一副害羞的样子，这就表明她是喜欢对方的。

社交场合，座次得当让沟通更顺畅

情境导入

一个人请一位朋友吃饭。那天相陪的朋友有很多，这个朋友来得有点迟，于是就安排他坐在靠近门口的位置。

当吃完饭，这人去结账时，发现已经有人结过账了，一问才知道，正是那个朋友结的账。这个人生气地说："我请你吃饭，你怎么把账给结了，这不是打我的脸吗？"这个朋友委屈地说："你让我坐在门口的座位，不就是为了让我结账吗？"

一个小小的座次安排，竟然造成一次误会。座次安排如此重要，你知道其中的门道吗？

专业解析

我国号称"礼仪之邦"，对于座位自然大有讲究。入座时的基本要求有：在他人入座后落座；礼貌起见，在和客人同时入座时，要分清主次，让对方先入座，不要抢先入座；就座以后，如果附近坐着熟人，应该主动向对方打招呼。

其中，在座次的安排上，尤为讲究。座位的次序，通常遵守以下原则（见图7-1）：一般是居右为上，这是国际惯例；居中为上，即中央的座位高于两侧；前排为上，这适用于所有场所；以远离房门为上；以拥有良好视野为上。

图7-1

我们在组织此类活动时，要巧妙地安排好每个人的位次，以免造成尴尬和不快。

王某是做外贸生意的。有一年，他费尽千辛万苦终于和一家德国大型企业达成了合作意向。不久，德国企业派业务总监来王某的公司实地考察。

为了显示自己的诚意和公司的实力，王某特意命司机开着车，载着自己和翻译，前去机场迎接这位业务总监。双方见面后，都格外热情。上车后，王总让这位业务总监坐在副驾驶的位置上，自己和翻译则坐在后排座位上。

不过，奇怪的是，业务总监上车后就显得不太高兴。更让王总震惊的是，原本辛辛苦苦达成的合作意向也被业务总监一一推翻，这次谈判最终以失败告终。

王某后来和一个朋友说起这件事，那个朋友给他分析了谈判失败的原因。他说，按照国际惯例，一般会让地位高的人坐在后排，以示对其尊重。王某了解原因后，猛拍大腿，懊悔不已。

许多关于座位的误会都是不懂座次的规则引发的。在人际交往中，座次问题随处可见，如果我们不重视，很可能会给我们的沟通带来各种各样的尴尬和麻烦。

此外，一个人的座次，往往反映了这个人的身份、地位。如果我们在日常沟通中，能够通过观察座次来判断出沟通对象的身份、地位，并选择使用符合其身份的语言和身体动作来与之沟通，那么就能达到事半功倍的效果，我们的沟通也会变得越来越顺畅。

知识链接：不同场合的座次问题

生活中，许多场合都会遇到座次问题，我们要懂得最基本的座次规则。

1. 会议室的座次

会议分为两种形式。若是圆桌会议，则所有人都不必拘泥于礼节，围着桌子就座，显示人人平等的关系。尽管如此，还是应注意就座的次序，以门为基准点，越靠里的座位越尊贵。方桌会议比圆桌会议更体现与会人员的主次。一般来说，只有一位领导参加时，他坐在长方形的短边位置，或者是最靠里的位置。这就是说，以会议室的门为基准点，最里侧是主宾的位置。如果是由主客双方共同参加的会议，他们通常分别坐在会议桌的两侧，主人坐在会议桌的右边，而客人坐在会议桌的左边。

2. 宴会的座次

在一般情况下，不管是家庭聚餐还是单位聚餐，饭桌上正对着门的座位是主位，越靠近主位的座位越尊贵。不过，如果是正式的宴请，主人应坐在正对门的主座，这样便于把控全局。主人是宴席的主陪，坐在门口位置的是副主陪，二者形成呼应。最重要的客人坐在主陪的两侧（按照国际惯例，最尊贵的客人坐在主人的右边，其次坐在主人的左边），稍微次一点的则坐在副主陪的两侧，其他客人随意坐即可。

观察局势，巧妙地化解沟通难题

情境导入

在一个外国球场上，一个大学生的视线被一个年轻女士的帽子遮挡住了。于是，这个大学生就对这个女士说：“请摘下您的帽子。”可是这个女士好像没听见似的，连头也不回。“请您摘下帽子！”大学生怒气冲冲地再次说道，并且补充道，“为了这个位子，我破费了15个卢布。”

“为了这顶帽子，我破费了115个卢布。我要让所有人都看到它。”那个女士说完，还是一动不动地坐着。

如果你是这个大学生，你会怎么处理这件事情，怎么化解这个沟通难题？

专业解析

我们在与人沟通时，难免会发生一些尴尬的事情，使沟通变得剑拔弩张。如果应对不当，往往会带来一定的负面影响。而且，沟通过程中出现变故，常常是一刹那的事情，如果惊慌失措，无法做到镇静，那么只能是手忙脚乱，让局面更加失控。这时，我们应该观察局势，随机应变，保证沟通的顺畅进行。

一般来说，我们可以尝试以下几种方法巧妙化解这些沟通难题。

1. 临危不乱

对演讲家来说，具有一定的应变能力对于控场非常重要。当听众出于某种原因而采取起哄、喝倒彩的方式来表达对演讲者的不满时，演讲者要保持镇静，临危不乱，先弄清听众起哄的原因，再机智应对。

2. 有力反击

对于无礼的言行，我们要进行有力的反击，这样才能显示出自己的机智和力量。有时候，我们要巧妙地借用“顺其言，反其意”的方法，使对方感到引火烧身，搬起石头砸自己的脚。

杜罗夫是一位著名的丑角演员。在一次演出的休息时间，一个傲慢的观众走到他身边，并讥讽地问：“小丑先生，观众一定很喜欢你吧！”

“还行吧。”

“那丑角一定要具备一张愚蠢而又丑怪的脸蛋，才会受到观众的喜爱吧。”

“的确如此。”杜罗夫回答说，“如果我具备您那样的脸蛋的话，我准能拿到双薪。”

观众无疑是在找碴，而杜罗夫却巧妙地将这位傲慢的观众的脸蛋同自己能否拿双薪牵扯在一起，从而产生了幽默的回击效果，反讽了这位傲慢的观众。

3. 天真式幽默

在一些严肃的交际场合，有时如果使用天真式的幽默，反而会倍增魅力，起到出奇制胜的效果。

美国前总统里根在走马上任后不久，就遭到枪击而受重伤。

他在治疗时，向医院的医生们提出了要求，他说："请向我保证，你们都是共和党人。"此外，他对夫人南希谈到这件九死一生、幸免于难的事时，幽默地说道："亲爱的，我当时忘了像鸭子那样突然扎入水中。"

在极其艰难的情况下，里根总统表现出来的极精彩、天真式的幽默，使他受到了美国人民深深的爱戴，甚至受到了与他有分歧的许多人的称慕。里根的天真之举，不但没往脸上抹黑，反而能够使他面上增光，使他人感受到里根的豁达、谦逊、无畏和自信。

知识链接：妙语补救沟通失言的三种方式

在人们的交际过程中，不管是名人还是普通人，都会出现言语失误的情况。如果遇到这种情况，我们可以采取以下几种补救措施：

1. 移植法

这种方法就是把自己说错的话移植到他人头上，比如说“当然，这是某些人的观点，我认为正确的观点应该是……”这就把自己说错的某句话纠正过来了。对方即使有某种感觉，也无法认定是你说错了。

2. 补救法

这种方法就是迅速对错误的言辞进行补救，避免一直在错误中纠缠。比如，在说错的那句话后面说“然而正确的说法应该是……”或者“我刚才那句话还应做以下补充……”，这样就可以补救过来。

3. 转移话题

这需要我们在与人交谈时保持一定的警觉，一旦发现对方的表情不对，就转移话题，分散他人的注意力，使他淡忘我们之前的错误，从而化解尴尬的场面。

第八章

不同场合下的行为解析，让你跟谁都聊得来

说话要注意场合和方式，一不注意，很可能会“一着不慎，满盘皆输”，给沟通对象留下一个坏印象。这种第一印象在很长时间内都难以消除，这不仅影响当时的沟通，还会给双方以后的交往带来很多麻烦。所以，要掌握在不同场合的沟通技巧，在不同的场合说得体的话、漂亮的话。

情景一：问候和介绍

情境导入

当与一个人初次见面时，你会怎样问候对方并介绍自己呢？很多时候，一个握手的细节就会让对方深深地记住你。

那么，我们怎样问候对方，做自我介绍，才能给对方留下一个良好的印象呢？

专业解析

与陌生人之间见面问候的重要性不言而喻，因为这是两个陌生人第一次较为紧密的接触和认识。在这短短的一段时间内，双方都会调动自己的一切感觉器官去认识和了解对方，包括观察对方、听对方说话、闻气味、肢体接触等。通过这些，形成对对方的第一印象。第一印象的好坏影响着双方之后的沟通，所以我们应对与陌生人的见面问候格外重视。

1. 接近谈话对象的方式

对男士来说，要走近自己的同性，最好沿着呈一定角度的路线走过去，不要径直地走向对方。即使做不到，也要有意识地往旁边呈一定角度迈上几步，这有助于营造相互尊重的谈话氛围。即使是相熟的朋友，也可以按照此法去做。渐渐地你会发现，这一小小的举动会给双方带来舒适友好的谈话气氛。

与此相反，如果女士之间采用与男士同样的方式，效果就不会太好。在走向女士的时候，可以径直走过去，但是在和她的身体有一段距离的时候要停下来。如果对方在与你交往的过程中感觉气氛舒适放松，她自然会通过一些非语言的方式来表达自己的感受。

如果想加入他人之间的谈话，一定要选准加入的时机。首先要注意观察，当谈话双方面对面且脚尖指向对方的时候，表明他们相谈甚欢，不想被打扰。当看到你到来的时候，依社交礼节，交谈双方都应该立刻转过身来，面对着你，和你打招呼，但是这时如果你敏锐地发现，其中一个人虽然身子转过来了，但是脚没有转过来，那就表明他还想继续刚才的聊天。

2. 第一次肢体接触

科学研究表明，身体的接触会刺激荷尔蒙的释放，而这一大脑内重要的化学物质对人与人之间和谐关系的建立发挥着关键性的作用。所以，我们要重视与陌生人之间的第一次肢体接触。

在第一次见面时，不同国家人们的肢体接触不同，比如有的国家和地区的人们常常通过相互亲吻、拥抱、贴鼻子等方式来表达自己的问候之意。不过，人与人之间最常见的肢体接触方式还是握手。

有时候，我们和某人有过一次握手的经历后，就会对其产生非常不好的印象，这就是对方不当的握手方式造成的。一般来说，以下几种握手方式，我们应极力避免：

（1）握手力度过大或过小。

（2）握手时摇晃得太激烈。

（3）把自己的手放在对方的手上并用力扭动。

（4）把自己的食指放在对方的手腕处。

还有一种握手方式，是政治家之间所特有的：他们在握手的时候，会把对方的手全部包住，以显示高度的热情和亲切感。但在日常交往中使用这种握手方式就不太恰当，因为生活中的大多数人都不会喜欢这样的握手方式。如果你想表达出对某人的喜爱，可以用另一只手去触摸对方的手臂和肘部。

那么，什么样的握手方式才是正确的呢？这取决于你的身份和所处的环境。不过，要坚持这样一个原则：用同样的力度和对方握手。另外，需要注意的是，即使对方的握手方式给你带来了不舒服的感觉，也不能在脸上露出痛苦的表情。

知识链接：问候的次序

在社交场合，与人见面时，问候是最基本的礼节，尤其是在正式会面的时候，宾主之间的问候一定要讲究次序。

一个人问候另一个人，通常是位低者先问候，即身份较低或年轻者问候身份较高者或年长者。

一个人问候多人，可以笼统地说“大家好”，也可以逐个问候，这时就要遵循由“尊”到“卑”、由长到幼的次序。

情景二：饭局

情境导入

在生活中，一个人总会参加大大小小的饭局。在饭局上，每个人的表现各不相同：有的只顾埋头吃饭；有的与身边的人三三两两地交谈；而有的人则成为焦点，他总能搞活饭桌上的气氛。

那么，你属于哪种人呢？如果你是一个不善言谈的人，那么怎样才能在饭局上表现得出色一点呢？

专业解析

我们每个人都需要参加饭局，身处饭局中，要掌握沟通艺术，为饭局营造一种热闹的氛围。相反，如果不懂饭局上的沟通艺术，就会破坏饭局上的和谐，甚至把好好的一场饭局搞砸，从而成为众矢之的。要想在饭局上表现出色，需要注意以下几个方面：

1．说好场面话

很多人说：“我知道在饭局上说好场面话很重要，可我就是不知道怎么说，这该怎么办？”其实，说好场面话很简单，关键是要找对话题作为突破口。

（1）选饭局参加者喜闻乐见的话题。比如：如果参加饭局的都是同学，就可以谈谈同窗情谊；如果参加饭局的是公司的管理人员，那么就可以谈谈如今的员工现状或者企业的发展方向；等等。

（2）以饭局组织者为话题。要做到这一点，首先要做足功课，私下了解饭局组织者的身份、爱好等具体情况。比如，如果饭局组织者喜欢打高尔夫球，就可以多讲讲这方面的话题，而其他人为了表示对主人的尊重，一定会积极谈论这个话题。

（3）以此次饭局的主题为话题。比如，如果组织饭局是为了给某人接风洗尘，那么就可以以询问对方在外地的所见所闻为突破口，展开交谈，这就是一种可以打开局面的场面话。

2. 说好祝酒词

对于经常参加酒宴的人来说，祝酒词并不陌生。它是主人对前来捧场的亲朋好友的热烈欢迎、亲切问候和诚挚祝福，为了对客人进行答谢所说的一些表示祝愿的话。有不少人不会说祝酒词，其实，只要掌握了祝酒词的结构和内容，说好祝酒词并不难。祝酒词的结构主要包括四个方面的内容：

（1）标题。祝酒词的标题就是这次酒宴的主题。比如：为父亲祝寿置办的酒席，标题就是“父亲生日祝酒词”；如果是为儿子结婚设宴，标题就是“爱子新婚祝酒词”。

（2）称谓。称谓就是对前来参加酒席宴会的客人的称呼，一般可以概括称为“亲朋好友”“女士们、先生们”“各位领导、同事们”。当然，具体情况要根据客人的具体情况而做出相应的调整。当然，通常还会在这些称谓之前加上一些敬辞，比如“亲爱的”“尊敬的”“敬爱的”等。

（3）正文。祝酒词正文的内容主要以叙述情谊为主，篇幅宜短小精悍，措辞宜庄重热情、大方得体，相当于精短的演讲文体。一般由主人或者主人指定的委托人来致辞，用以表明在什么情况下，向前来捧场的客人表示欢迎、问候和感谢。

（4）结尾。祝酒词的结尾比较简单，常常以大家举杯同庆或者谦辞结束。比如：为父亲祝寿时祝酒词的结尾可以说“现在让我们共同举杯，为天下所有父亲的健康长寿干一杯”；如果是儿子结婚，祝酒词结尾则可以说“希望大家吃好喝好，招待不周，还请包涵”。

掌握了祝酒词的结构，我们基本上就可以构思出合适的祝酒词了。不过在说祝酒词的时候，言辞一定要诚恳，内容一定要言简意赅。

知识链接：敬酒的礼仪

在酒桌上，如何敬酒也是很有讲究的。

首先，时间上，正式敬酒一般是在宾主入席后、用餐开始前就可以敬，通常主人提出欢迎大家，且说祝酒词。

其次，姿势上，敬酒时要起身站立，面带微笑，直视对方，左手托杯底，右手握杯身或握住杯柄，也可说些祝酒词，再与对方碰杯。饮毕，微笑着与对方眼神交流后入座。

最后，顺序上，敬酒通常以长者、职位高者、主人为先，后辈、职位低者、宾客为后。如果不了解对方，一定要事先打听清楚。如果有更高身份或年长的人在场，应先给他们敬酒，再给主人敬酒。

情景三：打电话

情境导入

在日常生活中，除了见面沟通，打电话也是人们进行交流的重要方式。在电话沟通中，身体语言无法发挥作用，那么有没有什么可以代替身体语言呢？换句话说，我们如何做才能在电话沟通中给对方留下良好的第一印象呢？

专业解析

实际上，只要注意倾听，一个人的声调、语气和音量都能传达他的情绪和心情，同时显示了他对谈话对象的态度。沟通高手在电话沟通中，懂得运用声音语言来与对方沟通，从而达到良好的沟通效果。

1. 把握适当的语调

我们在进行电话沟通时，要想给他人留下良好的第一印象，就要懂得运用合适的语调来进行表达。这就要求我们掌握一定的技巧。

（1）语调要适中。由于电话沟通的特点是“只闻其声，不见其人”，所以一个人的声音其实代表了他的个人形象。在通话中，如果一个人说话语气冷淡，就会让对方感到厌烦，不愿与其继续交谈。相反，如果一个人说话抑扬顿挫，就会让对方觉得你是一个热情的人，从而愿意与你继续交谈。

（2）音量高低要适中。如果你说话音量过低，就会让对方觉得你是一个缺乏激情的人，而且会让对方听不清，从而变得急躁；如果音量过高，对方就会认为你是一个冲动、办事不沉稳的人，有时，还会让对方误认为你在对他发脾气。所以，在说话的时候，要保持正常的音量，不要和对方的音量相差太大。

（3）语速快慢要适当。在与他人交谈的过程中，语速过快或者过慢，都会让对方觉得无所适从。如果说话语速过快，会让对方认为你是一个急性子的人，性格风风火火，不够成熟稳重；如果说话语速过慢的话，会让对方觉得你是一个慢性子的人，做事拖沓懒散。所以，说话时语速快慢适中就显得很重要了。这个“适中”其实只是相对于与你电话交谈的对象而言的，只要保持和对方大致相仿的语速，就是适中的语速。

2. 电话交谈的原则

我们在进行通话时，稍不注意，就可能造成误会，导致电话沟通中断，这种结果往往比面对面沟通还要糟糕。因为在面对面沟通时，即使沟通失败，至少谈话对象还在身边，我们还有弥补的机会，但是电话沟通一旦失败，我们就很难再有弥补的机会。这就要求我们坚持以下几个原则。

（1）长话短说。在通话时，如果一个人说话吞吞吐吐、语无伦次或者含糊其词，那么对方可能听了半天都没明白他要表达的意思，自然没有兴趣继续听他讲下去。所以，电话交谈时，最好长话短说，如果要讲的内容实在太多，那么可以先大概介绍一下所要讲的内容，然后再与对方约时间详谈。

（2）懂得适时而退。当感觉对方不方便继续交谈时，要懂得主动提出结束通话。这样不仅显得自己有修养，还可以为下一次的交谈打下基础。当然，适合结束通话的时机应视具体情况而定。一般来说，如果听到对方家里来了客人，或者对方与别人打招呼，抑或是对方的另一个手机的铃声响起，就说明对方有另外的事情需要处理，这时就不宜继续交谈下去。

（3）情绪和措辞要符合当时的语境。比如，当你在通话中得知对方正处于心情低落的状态时，你就要注意自己的言辞，不能在他面前兴高采烈地说一些开心的事，也不能一边用贴心的话安慰对方，一边又嘻嘻哈哈，表现得非常随意。这都是言行和当时的语境不协调的做法，极易引起对方的反感。所以，我们在通话时一定要注意情绪、措辞和语境的协调。

知识链接：和代接电话的人沟通时的注意事项

在人际沟通中，我们不可避免地要和一些代接电话的人打交道。不少人不知道该如何与他们沟通，结果很可能说错了话，而导致事情没有办成。其实只要掌握了一定的沟通技巧，我们就可以从容有度地与代接电话的人打交道。

1. 语气要亲切热情

不管你是否知道电话那头是代接电话的人，都应该保持亲切热情的语气。比如，你可以充满热情地说："嗨，你好，请问李某在吗？"如果你只是冷冰冰地说："李某在不在？"那么这种生硬的语气极易引起代接电话的人的反感，而使他不愿意听你继续说话。

2. 避免直接回答对方的询问

在通常情况下，代接电话的人会抛出一些问题，以便了解更详细的信息，比如"你是谁""你是做什么的""你找他有什么事情"等。这时你最好避免毫无保留地告诉对方，因为他很可能会根据这些信息决定要不要传达来电的事。你可以这样婉转地回答对方："我也想告诉你，但是这件事比较重要，我还是直接和他谈比较好，你能告诉我他什么时候回来吗？"这样，你就保留了一定的主动权。

情景四：谈判

情境导入

在生活中，谈判无处不在。比如：商场上和客户谈判，职场上和老板商量提薪的事，在菜市场上和小贩讨价还价……不管哪种谈判，一旦在谈判中胜出，就可以为自己争取到最大的利益。但是，如果没有掌握谈判的艺术，就会给自己带来不小的损失。

那么，我们在谈判中如何掌握主动权，让谈判朝有利于自己的方向发展呢？在谈判中，我们需要注意些什么呢？

专业解析

谈判有广义与狭义之分。广义的谈判指正式场合谈判以外的所有的协商、交涉、商量、磋商等，范围比较广；而狭义的谈判仅指正式场合下的谈判，其中比较典型的谈判当属商务谈判。掌握一定的谈判技巧，可以有效地使双方达成合作，实现共赢。

由于商务谈判的特殊性和挑战性，在此着重介绍商务谈判的技巧。

在谈判过程中，我们在和谈判对象商榷价格时，对方往往会先报出一个他们认为合理的或者愿意接受的价格，这就是对方的第一次报价。这个价格可能过高，可能过低，也可能正好符合我们的心理预期。但是，无论如何，我们都不能马上答应，否则会给自己接下来的谈判带来很大的困扰，甚至导致谈判破裂。

那么，对于对方的第一次报价，我们该如何应对呢？

1. 表现出很惊讶的样子

就算对方的报价符合我们的心理预期，甚至超出我们的心理预期，我们也不能表现出欣喜若狂的样子，而应该让对方看到自己惊讶和意外的表情，这样才会让他们认为报出的价格过低。这样一来，就可以在谈判一开始把对方的谈判空间大大缩小。如果让对方看出我们对他们的报价十分满意，那么他们很可能会提出更低的报价，这样就不利于达到我们预期的谈判目标。

2. 避免直接对抗

对于对方的报价，我们可以提出抗议，这样能够让对方接受更高的报价，也可以让对方无法继续压价。不过，在提出抗议时要注意抗议的技巧和时机，避免与对方直接对抗。比如，我们不能直接说“不行，你的报价太低”，而可以用不同的表达方式来代替，可以说：“我非常理解你的感受，因为很多客户都有你这样的想法，我也不例外。但是如果真的以这样的价格成交，那我就赚不到钱，而且要倒贴不少……”这样的话有助于缓和谈判气氛，为进一步谈判做好铺垫。

3. 适时沉默

当我们对对方第一次报价进行否决后，对方一般会和我们展开新一轮的价格谈判。如果对这次的价格我们还是不满意，那么这时就可以保持沉默，进行无声的抗议。这会给对方造成巨大的心理压力，逼其主动抬高价格。不过需要注意的是，沉默要把握好度，不能一直沉默；沉默过久，对方很可能会终止谈判。

此外，在谈判结束后，不管成交的价格多么让自己满意，我们也不能表现出兴高采烈的样子，而是应该让对方感觉到我们对这次谈判的结果并不是很满意。这样对方才会认为自己占了便宜，从而产生一种成就感，并希望在以后再次与我们合作。

知识链接：谈判中打破僵局的方法

在谈判过程中，不可避免地会进入双方僵持不下的阶段。此时，谈判双方据理力争，寸步不让，谈判气氛顿时变得剑拔弩张，火药味十足。如果不能打破僵局，就很可能导致谈判破裂，这是谈判双方都不愿意看到的结果。对此，我们可以参照以下几种方法来打破僵局：

1. 妙用俗语、谚语

在谈判陷入僵局的时候，我们不妨使用俗语、谚语、格言、警句等，让对方觉得我们的话很有道理，打乱他们的阵脚，从而为我们赢得缓冲的时间。

2. 横向式谈判

当我们在谈判中因为某个问题无法与对方达成共识，双方又都不愿做出让步时，我们不妨把这个问题放在一边，谈一下与此相关的另外一个问题。如果就新的问题达成共识，那么双方的心态和情绪都会趋于缓和，谈判就会变得顺利得多。

3. 利用第三者打破僵局

有时，谈判陷入僵局，导致谈判无法继续，不妨请第三者作为中间人，在谈判双方之间进行斡旋，说不定会收到意想不到的效果。不过，这个第三者必须是双方比较信赖的、都愿意接受的人，否则同样不利于谈判的持续进行。

4. 结束谈判，重新选择谈判时间

当双方的谈判陷入低潮，无法再向前推进的时候，就要及时结束这种僵持状态，重新约定一个谈判时间。这样，谈判双方都可以有充足的时间来思考解决问题的方法，为下一次的谈判创造更有利的条件。

情景五：面试

情境导入

面试的时候，每个人都希望给面试官留下一个好印象，展现自己完美的一面。但是有时候，一个不经意的动作、一句不得体的话，都可能使自己错失一份心仪的工作，给自己留下不小的遗憾。

那么，我们在面试的过程中要注意些什么，避开哪些言行中的禁忌，才能给面试官留下一个良好的印象呢？

专业解析

面试作为就业、跳槽、竞聘的关键环节，其重要性不言而喻。其实，面试能否成功，主要取决于面试官对面试者的第一印象和双方的沟通是否顺畅。要想在最短的时间内打动面试官，在众多的竞争者中脱颖而出，就需要掌握面试沟通的艺术。

1. 自我介绍要有吸引力

在面试时，我们不可避免地要做一番自我介绍。得体的、有吸引力的自我介绍可以得到面试官的青睐，从而帮助你获得入职的

“门票”。

那么，我们在面试的时候需要注意一些什么呢？

（1）力避背诵式的自我介绍。面试者通常都会为自我介绍做好准备，在面试的时候常常能脱口而出，语言表述相当流畅。但是需要注意的是，表述不可过于平铺直叙，更不能做背诵式的自我介绍，而要尽量使用灵活多变的口语来表述，这样的表述会更有特色，更容易引起面试官的注意。

（2）合理安排时间。在面试时，面试官会给我们一个时间限制，让我们做自我介绍，通常为三分钟。要把握好这三分钟，做一次精彩的自我介绍。建议在第一分钟谈谈个人的基本情况，第二分钟聊聊自己的工作经历，第三分钟说说自己对于本行业或者对面试公司的看法。这样安排自我介绍的时间，自我介绍才会清晰、有条理。

（3）只说与职位相关的优点。自我介绍时要说出自己的优点和特色，但并非要把自己所有的优点、特色都说出来，因为这会使面试官厌烦。我们在介绍自己的优点和特色时要有针对性，把自己的优势集中在与面试的职位或专业相关的方面，这样面试官才会认为你的优势正是他们需要的，而你就是他们正在苦苦寻觅的那个人。

2. 正确运用非语言技巧

几乎所有人对面试都十分重视，他们希望在面试官心目中留下一个良好的印象。要做到这一点，不仅要在语言上下功夫，还要在非语言行为上下一番功夫。

（1）注意外在形象。注意个人形象，这是对面试者最基本的要求。具体要求包括衣着整洁、皮鞋光亮、适合的妆容、不喷过浓的香水等。

（2）保持微笑。保持灿烂的微笑，会更容易把自己推销出去。

（3）非语言行为得当。在整个面试过程中，要始终保持注意力集中。具体身体姿势要求为：身体坐直并微微前倾，双脚平放在地板上。眼睛要专注地看着面试官，视线要保持自然接触，不能游离。若双方相谈甚欢，身体可以有一些角度和姿势的变化，不过还是要保持双腿合并，身体向前微倾的状态。

知识链接：面试时的语言陷阱

在面试时，面试官常常会设置一些语言陷阱。如果面试者没有很好地及时规避这些陷阱，通常会暴露出一些自身的缺陷，这对于面试毫无好处。要想获得心仪的工作，我们要理解面试中的语言陷阱，并巧妙地规避。

一般来说，面试官会设置三种语言陷阱：

1. 挑战式陷阱

比如，面试官说“从简历上看，你的相关经验非常少，你觉得呢”，我们就不能说“不见得吧”“那可不一定”之类的话，因为工作经验少是事实。这时，我们可以说：“这种说法并非完全正确，因为我在大学期间做过不少兼职，也积累了一些相关经验……”

2. 激将式陷阱

比如，面试官会对我们说“你的性格太内向了，恐怕干不了这份工作”，这种话显得咄咄逼人，千万不能被面试官激怒，而应表现出自己的礼貌和修养。对于这个问题，我们可以微笑着回答：“内向的人在工作中往往会表现得更专注，也更善于倾听，他们能提升一个团队的稳定性……”

3. 诱导式陷阱

比如，如果面试官对我们说“你的条件这么优秀，应该能找到更好的公司”，就不能直接回答“是的”或者“不是的”，因为前者会让面试官认为我们缺乏对企业的忠诚度，后者会让他觉得我们缺乏自信。这时，我们要善于用模糊的语言为自己开脱。可以这样说：“也许我确实能找到更好的公司，但是贵公司的企业文化对我更有吸引力，我觉得留在这里会有更好的发展。”

情景六：演讲

情境导入

在日常交际中，你一定有过当众发言的经历吧？你会不会因不善当众讲话而脸红、出汗、心跳加速，导致形象顿失？你是否上台前准备得很充分，但是一上台就语无伦次、词不达意，甚至大脑一片空白？你的讲话是否缺乏感染力和吸引力，令听众昏昏欲睡？

究竟怎么演讲才能牢牢地抓住听众的心，从而做一场精彩十足的演讲呢？

专业解析

英国首相丘吉尔曾说："一个人可以面对多少人，就代表这个人的成就有多大。"古往今来，不管是政坛领袖，还是商战名家，卓越的人物无一不是拥有高超沟通及演说能力的大师。

2009年，奥巴马在访华期间，在上海科技馆与中国青年进行交流，并发表讲话。在演讲一开始，他用一句带有美国口音的上海话

“侬好”向大家打招呼，让大家倍感亲切和意外，然后他在演讲中提到了篮球运动员姚明。此时，这位美国前总统就像是学生中的一员，也像一位邻家大哥哥，用温和亲切的语气和中国青年交流。

在演讲结束后，奥巴马特地绕场一周，与坐在前排的听众握手致意，整个过程持续十多分钟。接下来，奥巴马的做法令人意外——他当起了主持人，直接邀请听众提问，把整个对话氛围变得热烈而又和谐。

在整个对话过程中，奥巴马表现出了极高的情商和高超的沟通技巧，给在场所有人留下了深刻的印象。

其实，每次演讲都是展现自我风采，和他人分享经验与交流思想的过程。所谓“一人之辩重于九鼎之宝，三寸之舌强于百万之师”，正是一场精彩的演讲所能达到的效果。

下面几条建议有助于你运用非语言技巧做出一场令人难忘的精彩演讲。

1. 做足准备

在演讲前，要做好充分的准备，考虑到所有可能出现的状况，以保证每个细节都能呈现得自然、优雅，让人感觉舒服。如果有必要，可以挑选一个自己喜欢的演讲者，模仿他在演讲中的表情、动作等，这样可能效果更好。

2. 不断调整自己的站位

不要一味地躲在讲台的后面，观众不会喜欢这样古板的站位方式，所以，在演讲时，要充分运用舞台，不断调整自己的站位。

3. 多使用手势语

发言中如果有需要着重强调的部分，可以运用反重力手势进行配合，因为这种方式能够有效地吸引台下观众的注意力。

知识链接：演讲语言的特点

演讲是一门语言艺术，要做好演讲，首先要把握演讲语言的特点。

一般来说，演讲语言有以下几个特点：

1. 准确性

只有准确的语言才能令人信服，并易于被人们接受。不过，要达到这个标准，还必须符合三个条件：一是思想要明确，演讲者只有有了明确的思想，在表述时才能用语自然、准确，把信息清晰地传达给听众；二是词汇量要丰富，如果没有丰富的词汇量，演讲的语言就会变得枯燥乏味，甚至难以准确、恰当地描述自己的想法或者观点；三是注意词语的感情色彩，因为词语的感情色彩带有很强的感染力。

2. 简洁性

这是指用最少的语言表达最多的内容。演讲要做到这一点，就要在演讲前做好准备，对自己所要表达的观点进行仔细梳理，分清主次。这样的话，演讲时就不会显得拖泥带水、杂乱无章。同时，演讲者还要对自己演讲的每句话进行提炼和推敲，最好能达到“增一字显多，删一字显少”的标准。

3. 通俗性

要做到语言通俗，需满足四个条件：一是口语化，演讲语言口语化可以让演讲显得生动、平易近人；二是个性化，个性化的语言可以给听众留下深刻的印象，让听众记住演讲者；三是生动感人，只有生动深刻的语言，才能准确地表达出演讲者的真情实感，引起听众的共鸣，让人印象深刻；四是拥有独到见解，不要总是引用报刊、电视上的话或者某位名人的话，这很容易给人留下生硬的感觉，只有说自己的话，才能给人一种朴素、真实的感觉，也更容易获得听众的认同。

后　记

察言观色意思是观察别人的言语、脸色，以揣摩其心意。

其实，我们在沟通中，不仅要观察对方的脸色，还要观察对方的肢体动作、微反应等，学会正确倾听的方式，并善于营造良好的沟通氛围，这样才能实现有效的沟通，实现自己谈话的目的。

因此，我们在与人沟通的时候，要有意识地建立两种视角，一种视角用于关注语言层面的沟通，另一种视角则用于关注非语言层面的沟通。只有这样，我们才能捕捉到别人不易捕捉的信息，意识到别人不易觉察的问题。

其实，我们平常所说的“察言观色”讲的就是双视角的沟通方式：“察言”是关注语言沟通，“观色”是关注非语言沟通。

当然，沟通是一个心灵双向交流的过程，除了了解对方的一言一行背后的心理学知识，我们还可以从以下三个角度来改善自己的沟通。

1. 理解别人的身体语言

身体语言有时能够比口头语言传达更多的信息，所以，理解别人的身体语言是了解对方的一个重要的途径。在与人交往的过程中，我们通过对方的眼神、表情、肢体动作，以及彼此之间的物理距离，就能够感知他的心理状态。理解了对方的喜怒哀乐，我们就可以有的放矢地调整自己的沟通行为了。

不过，在理解他人身体语言的过程中，我们需要注意以下几点：

（1）同样的身体语言在不同性格的人身上所代表的意义可能不同。比如，一个性格活泼开朗的女孩子在与你交往时，不介意与你保持较近的距离，这其实并没有什么特殊的意义，因为她和每个人交往时都是这样；但是如果一个文静、内向的女孩子这样对你，那就意味着她可能喜欢你。

（2）同样的身体语言在不同情境中意义也可能不同。就拿笑容来说，有时候代表友好的态度，有时候表示尴尬，有时候又代表嘲讽，这些需要我们根据实际情境加以区分。

（3）站在对方的角度考虑问题。比如，当熟悉的人对你冷淡，这并不意味着他不重视你，可能是他遇到了什么不顺心的事。这样，站在对方的角度考虑问题，替对方着想，我们就能在人际交往中减少不必要的误会，让沟通更顺畅。

2. 及时地回应对方

我们要留意对方说话时的表情、肢体动作等信息，从这些非语言信息中解读出对方当时的情绪和心理状态，及时地进行回应和交流，这对促进沟通双方的关系有很大的帮助。

3. 恰当使用自己的身体语言

当我们想在社交中影响别人的时候，利用好非语言沟通方式，能够起到事半功倍的作用。比如，我们在给客户介绍自己的产品或者项目时，如果语气足够坚定，神情自若，身体很放松，那么就有很强的说服力。当然，想要恰当使用自己的身体语言，我们还要经常自省，改掉不良的身体语言习惯，这样可以帮助自己在适当的情境中，有意识地恰当地运用自己的身体语言。

本书所提供的理论和方法虽然能起到一定的指导作用，但是运用好非语言沟通技巧不是一朝一夕能做到的事情，需要长期的积累和沉淀。但是，我们一旦养成良好的沟通习惯，不仅沟通能力会有所提高，而且情商指数也会有质的飞跃。

其实，在平时注意观察他人，努力提高自己的非语言沟通能力，每个人都可以成为沟通达人。